BÖHLAU-STUDIENBÜCHER
GRUNDLAGEN DES STUDIUMS

GESCHICHTSDIDAKTIK

JOCHEN HUHN

GESCHICHTS-DIDAKTIK

EINE EINFÜHRUNG

1994

BÖHLAU VERLAG KÖLN WEIMAR WIEN

Die Deutsche Bibliothek – CIP-Einheitsaufnahme
Huhn, Jochen:
Geschichtsdidaktik : eine Einführung / Jochen Huhn. –
Köln ; Weimar ; Wien : Böhlau, 1994
(Böhlau-Studien-Bücher : Grundlagen des Studiums)
ISBN 3-412-03294-8

Druck und Bindung : Druckerei Franz Paling, Köln
Printed in Germany
ISBN 3-412-03294-8

Inhalt

Vorwort

Die Schrift ist aus dem Bemühen um die Gestaltung meiner geschichtsdidaktischen Proseminare enstanden. Deren Teilnehmern bin ich zu Dank verpflichtet. Für kritische Hinweise im ersten Formulierungsstadium danke ich Kerstin Wolff und Gerhard Henke-Bockschatz. Meine Kollegin Heide Wunder hat meiner Ignoranz an einigen Stellen durch gezielte Kritik abgeholfen. Silke Regin half beim Korrekturlesen. Mein besonderer Dank gilt Silke Stoklossa-Metz und Edelgard Bernhardt, ohne deren Computer-Künste das Manuskript nicht in der Form und nicht so zügig hätte erstellt werden können.

Kassel, im Juli 1994   J.H.

Einleitung

Gibt es so etwas wie einen "Kern" historischen Lernens, oder, anders ausgedrückt, zentrale Aspekte, die bei der Geschichtsvermittlung in jedem Fall beachtet werden müssen und von denen her sich die Geschichtsdidaktik erschließen läßt? Diese Frage beschäftigte mich in der universitären Lehre und bei Veranstaltungen der Lehrerfortbildung. Studenten sind leicht durch die Vielfalt verwirrt, mit der sie in Gesamtdarstellungen zur Geschichtsdidaktik konfrontiert werden, die zudem Abstraktionen einer Praxis darstellen, die Studenten noch nicht erfahren haben. Praktiker stehen - nach meiner Erfahrung - oft vor dem Dilemma, daß sie ein Unbehagen empfinden, wenn sie ihre Zielsetzungen mit der Praxis des Geschichtsunterrichts vergleichen, der Berufsalltag ihnen aber wenig Zeit läßt für grundsätzliche Überlegungen, die darauf abzielen, ihnen durchaus bewußte zentrale Aspekte ihres Faches für die Schule fruchtbar werden zu lassen.

Um für beide Gruppen von Interesse zu sein, mußte die Antwort drei Kriterien genügen: Sie mußte

- sich im Theoretischen auf wenige, zentrale Elemente beschränken,
- die Theorie mit Praxisbeispielen verbinden und
- Konkretisierungshilfen für die Praxis geben.

Die Schrift soll kein Ersatz für eine umfassende Darstellung der Geschichtsdidaktik sein. Viele Bereiche der Geschichtsdidaktik (z.B. Auswahl der Inhalte, Urteilsbildung, Methoden und Medien im Geschichtsunterricht) wurden nicht oder nur am Rande berücksichtigt. Studierende können von ihr ausgehend sich weiter in die Geschichtsdidaktik einarbeiten. Praktikern sind diese Fragen vertraut. Ich hoffe jedoch, daß die Schrift für Studierende und interessierte Praktiker nützlich sein kann, weil beide sich zwar in bezug auf die Praxiserfahrung unterscheiden, vermutlich jedoch nicht in dem Anliegen, Theorie und Praxis zu verbinden. Das erste Kapitel geht von den Merkmalen der Geschichte aus, um die Frage nach ihrem Nutzen zu untersuchen. Im zweiten Kapitel werden zentrale Elemente historischen Lernens an Beispielen erarbeitet. **Dabei geht es vorrangig um die Art des Umgangs mit der Vergangenheit.** Im engeren Sinne inhaltliche Ziele (bestimmte historische Themen als

Lerngegenstand und deren Begründung) werden nicht besprochen. Meine Beispiele demonstrieren vorwiegend die Verbindung von Alltagsgeschichte und "großer Geschichte". Das hat den Vorteil, daß sie Hinweise für das historische Lernen von der Grundschule bis zur Sekundarstufe II ergeben. Es hat den Nachteil, daß die Aspekte Entwicklung, Handeln, Entscheidungen bei den historischen Themen zu kurz kommen wie auch Interpretieren und Beurteilen als Elemente historischen Lernens. Das wird etwas im dritten Kapitel ausgeglichen. Hier zeige ich an Beispielen, wie von der Theorie der beiden ersten Kapitel "Lernschritte" abgeleitet werden können, d.h. wie - entsprechend dem Interesse an der Art des Umgangs mit der Vergangenheit - Tätigkeiten identifiziert werden, die historisches Lernen fördern können. Das Kapitel soll also Hinweise für die Unterrichtsplanung geben, die eine Ausrichtung auf die Elemente historischen Lernens ermöglichen. Diese Hinweise sind aber für Anfänger zu punktuell, d.h. sie berücksichtigen weite Bereiche der Unterrichtsplanung nicht. Hier kann das Literaturverzeichnis helfen sich einzuarbeiten. Bei den Lernschritten sind Tätigkeiten, die bereits in der Grundschule geübt werden können, mit (G) gekennzeichnet.

Die beiden ersten Kapitel sind als Vorlesung entstanden. Der Vortragsstil wurde für den Druck im wesentlichen unverändert übernommen, auf eine "Nachrüstung" mit Anmerkungen wurde verzichtet. Für die ersten zwei Kapitel empfiehlt sich die fortlaufende Lektüre, während das dritte Kapitel auch punktuell für die Praxis ausgewertet werden kann. Seine ersten fünf Seiten sollten aber zuvor gelesen werden, weil auf ihnen das Verfahren erläutert wird.

Ich möchte vermeiden, daß aus der zielbedingten Begrenzung dieser Arbeit ein Mißverständnis entsteht. Deshalb noch ein Wort zur Definition von "Geschichtsdidaktik": Bei Studienanfängern und Außenstehenden wird darunter in der Regel eine Methodenlehre des Geschichtsunterrichts verstanden. In der Fachliteratur wird dieser Bereich als Unterrichtsmethodik bezeichnet, als Geschichtsdidaktik im engeren Sinn hingegen der Bereich der Zielbestimmungen und inhaltlichen Entscheidungen. Geschichtsdidaktik im weiteren Sinn umfaßt dann Unterrichtsmethodik und Geschichtsdidaktik im engeren Sinn. Seit ungefähr 20 Jahren gehört aber auch der Bereich der außerschulischen Geschichtsvermittlung zur Geschichtsdidaktik. In diesem weiten Verständnis ist Gegenstand der Geschichtsdidaktik das Verhältnis von Geschichtswissenschaft und Gesellschaft. Im Anschluß an Ernst Weymar sehe ich in der Geschichtsdidaktik eine Dimension der Geschichtswissenschaft.[1]

A   Vom Nutzen der Geschichte[2]

"Papa, erklär' mir doch mal: Wozu dient eigentlich die Geschichte?" So beginnt ein Buch des französischen Historikers Marc Bloch, in dem er sich Rechenschaft ablegt über den Nutzen seiner Disziplin.[3] Dieser Frage sollte sich stellen, wer Geschichtsunterricht oder - besser ausgedrückt - historisches Lernen fördern will, im Sachunterricht der Grundschule, in weiterführenden Schulen oder auf der Universität. Nur so werden wir erfassen, worauf es bei historischem Lernen ankommt. Im ersten Teil meiner Ausführungen werde ich auf diese Frage eine Antwort zu geben suchen.

Aus der Kinderfrage ergibt sich jedoch sofort eine zweite: Was ist denn das, "Geschichte"? Ein interessanter Versuch ist, eine Runde um spontane Antworten auf die Frage zu bitten: Was ist Geschichte? Die Antworten werden vermutlich breit streuen, sehr unterschiedliche Vorstellungen zeigen, die nicht zuletzt von dem selbst erlebten Geschichtsunterricht geprägt sind.

Zunächst sollten wir uns vergegenwärtigen, daß unsere Sprache das Wort "Geschichte" in unterschiedlichen Bedeutungen kennt. Geschichten im literarischen Verständnis können hier unberücksichtigt bleiben. Für uns sind drei Versionen interessant: Erstens meint "Geschichte" die Summe alles dessen, was geschehen ist, zweitens "Geschichte" als das, was wir von der Vergangenheit erinnern, und schließlich noch drittens das Fach "Geschichte" an Schulen und in der Forschung. Für unsere Ausgangsfrage nach dem Nutzen des Faches ist es gut, sich klarzumachen, daß die Vergangenheit uns nur durch das zugänglich ist, was wir "erinnern"[4] und damit bewußt oder unbewußt vom Geschehen der Vergangenheit auswählen. "Erinnern" ist ein sehr allgemeiner Ausdruck. Der Historiker Bloch geht in seinem Buch selbstverständlich davon aus, daß dieses Erinnern sich auf die Tätigkeit der Historiker als Wissenschaftler bezieht, und auch als Lehrer verstehen wir unter "Geschichte" das Erinnern nach wissenschaftlichen Kriterien. Die moderne Geschichtswissenschaft ist jedoch eine verhältnismäßig junge Erscheinung. Es gab vor ihr und es gibt heute andere Arten, mit der Vergangenheit umzugehen. Ich werde einige Beispiele skizzieren und dabei jeweils von der Frage ausgehen, was mit dieser Form des Erinnerns tradiert wurde, welche Informationen die Geschichte enthielt. Ich gehe dabei von der gegenwärtigen Sicht aus und werde nicht der schwer zu beantwortenden Frage nachgehen, wie die Geschichte jeweils von den Zeitgenossen verstanden worden sein mag, für die andere Kriterien Geltung gehabt haben können als für uns.[5] Wir sind leicht versucht, mit einer gewissen Überheblichkeit auf ein Weltverständnis herabzusehen, das sich nicht auf der Höhe unseres wissenschaftlichen Denkens befindet, und sind dann blind für dessen Eigenart. Der Versuch, andere Formen von "Geschichte" zu verstehen, kann helfen, Leistungen und Grenzen der modernen Geschichtswissenschaft klarer zu erkennen. Meine Beispiele zeigen literarische Hochformen. Daneben hat es aber sehr wahrscheinlich zu allen Zeiten auch nicht so bewußt gestaltete Formen des Umgangs mit der Vergangenheit gegeben, wie auch heute am Stammtisch oder bei Wahlreden Geschichte oft ohne kleinliche Rücksicht auf wissenschaftliche Forschung entsteht. Diesen "alltäglichen" Umgang mit der Vergangenheit werde ich aber zunächst nicht weiter beachten.

1. Heldenlied

In der Handschriftenabteilung der Murhardschen Bibliothek in Kassel befindet sich das älteste überlieferte Heldenlied in deutscher Sprache, das Hildebrand-Lied. Es wurde um 830 von Mönchen des Klosters Fulda aufgeschrieben, in einer Zeit also, als der Prozeß der christlichen Missionierung des hessisch-thüringischen Grenzraumes "gerade erst" begonnen hatte. Das Kloster Fulda selber war noch keine hundert Jahre alt. Wir dürfen uns vorstellen, daß diese Heldenlieder in einer Kultur, in der nur sehr wenige Menschen schreiben und lesen konnten, mündlich überliefert, also bei festlichen Gelegenheiten vorgetragen wurde. Der uns überlieferte Text ist ein Fragment. Er enthält aber alle für uns wichtigen Elemente:

"Ich hörte (glaubwürdig) berichten, daß zwei Krieger, Hildebrand und Hadubrand, (allein) zwischen ihren beiden Heeren, aufeinander stießen. Zwei Leute von gleichem Blut, Vater und Sohn, rückten da ihre Rüstung

6

zurecht, sie strafften ihre Panzerhemden und gürteten ihre Schwerter über die Eisenringe, die Männer, als sie zu diesem Kampf ritten. Hildebrand, Heribrands Sohn, begann die Rede - er war der Ältere, auch der Erfahrenere -, mit wenigen Worten fragte er, von welchen Leuten im Volk der Vater des anderen sei: 'oder sag mir, zu welchem Geschlecht du zählst. Wenn Du mir nur einen (Namen) nennst, weiß ich schon wer die anderen sind, die Angehörigen im Stammesverband. Ich kenne das ganze Volk.' - Hadubrand, Hildebrands Sohn, antwortete: 'Es haben mir unsere Leute gesagt, alte und erfahrene, die schon früher lebten, daß mein Vater Hildebrand heiße. Mein Name ist Hadubrand. Einst ist mein Vater nach Osten gezogen auf der Flucht vor Odoakars Haß, zusammen mit Theoderich und vielen seiner Krieger. Er hat in der Heimat in seinem Haus hilflos und ohne Erbe seine junge Frau (und) ein kleines Kind zurückgelassen. Er ist nach Osten fortgeritten. Danach sollte Dietrich den Verlust meines Vaters noch sehr spüren: Er war so ohne jeden Freund. (Mein Vater aber,) Dietrichs treuester Gefolgsmann, hatte seinen maßlosen Zorn auf Odoakar geteilt. Immer ritt er dem Heer voran. Jeder Kampf war ihm so sehr willkommen. Die Tapfersten kannten ihn. Ich glaube nicht, daß er noch am Leben ist.' - 'Ich rufe Gott vom Himmel', sprach Hildebrand da, 'zum Zeugen an, daß du bisher noch nicht einen so nah Verwandten zum Gegner gewählt hast.' Darauf löste er Ringe vom Arm aus Kaisergold geschmiedet, wie sie ihm der König, der Herrscher der Hunnen, geschenkt hatte: 'Das schenke ich dir aus Freundschaft.' - Hadubrand, Hildebrands Sohn, entgegnete aber: 'Ein Mann soll (solche) Gaben mit dem Speer aufnehmen: Spitze gegen Spitze! Alter Hunne, du bist überaus listig: Wiegst mich mit deinen Worten in Sicherheit, um mich dann (um so besser) mit deinem Speer zu treffen. Du bist schon so alt, und doch bist du immer (noch) voll Hinterlist. - Ich weiß es von Seefahrern, die westwärts übers Meer gekommen sind, daß ein Kampf mir meinen Vater genommen hat: Tot ist Hildebrand, der Sohn Heribrands!' - Hildebrand, Heribrands Sohn, sagte da: 'An deiner Rüstung sehe ich deutlich, daß du zu Hause einen mächtigen Herrscher hast und daß du dieses Herrschers wegen noch nicht in die Verbannung hast gehen müssen - oh waltender Gott', fuhr Hildebrand fort, 'das Schicksal will seinen Lauf! Ich bin sechzig Sommer und Winter außer Landes gegangen. Da hat man mich immer in die Schar der Bogen-

*schützen gestellt. Nachdem mich vor keiner Burg der Tod ereilt hat, soll
es nun geschehen, daß mich mein eigener Sohn mit dem Schwert er-
schlägt, mich mit seiner Waffe zu Boden fällt. - Oder daß ich ihm den
Tod bringe. Doch kannst du nun leicht, wenn deine Kraft ausreicht, von
einem so alten Krieger die Rüstung gewinnen, die Beute an dich bringen, wenn du irgendein Recht darauf haben wirst. Der wäre nun wirklich
einer der Feigsten unter denen, die nach Osten gegangen sind', sprach
Hildebrand, 'der dir den Kampf verweigern wollte, da du so darauf
brennst, auf den Kampf zwischen uns. So erprobe nun der, dem es auferr-
legt ist, wer von uns beiden den Harnisch verlieren muß, wer von uns
beiden Brünnen gewinnen wird!' Da ließen sie zunächst die Eschenlan-
zen gegeneinander rasen, mit einem so harten Stoß, daß sie sich fest in
die Schilde gruben. Darauf ließen sie ihre laut dröhnenden Schilde
selbst aufeinander prallen. Sie schlugen voll Ingrimm auf die weißen
Schilde ein, bis ihnen das Lindenholz zu Spänen zerfiel, von den Waffen
zerschlagen...*[6]

Wann das Lied entstanden ist, wissen wir nicht. Sicher wurde es, bevor
es aufgeschrieben wurde, mündlich überliefert. Es handelt sich um eine
künstlerische und sprachliche Hochform, wird also nicht auf bäuerlichen
Festen vorgetragen worden sein, sondern auf größeren Höfen, vor Adligen und Kriegern. Das Lied hat einen "historischen Kern" - so sagen wir
heute. Für die Zeitgenossen dürfte sich die Frage danach nicht gestellt
haben, da sie für die "Wahrheit" einer Geschichte andere Kriterien hatten.
Der historische Kern ist hier mit den Namen Dietrich oder Theoderich,
dem Begründer des Ostgotenreiches, und Odoakar, der Theoderichs
Gegner war, angedeutet und durch den Verweis auf Hildebrands Dienst
bei dem Hunnenkönig im Osten. Die Hunnen hatten Ende des 4. Jahrhunderts das Ostgotenreich am Schwarzen Meer zerstört, worauf die
Ostgoten bis zur Mitte des 5. Jahrhunderts mit den Hunnen verbündet
waren. Ende des 5. Jahrhunderts begründete dann Theoderich in Italien
ein Ostgotenreich. Es ist die Zeit der Völkerwanderung, auf die sich der
historische Kern dieser Sage bezieht. Von dieser Zeit, die ich hier skizzieren konnte, weil die Geschichtsforschung inzwischen die Kenntnisse erarbeitet hat, erfahren wir in der Sage eigentlich nichts. Ob Hildebrand gelebt hat, wissen wir nicht. Die Namen Theoderich, Odoakar, Hunnen
sagen für sich genommen im Grunde auch nichts aus. Doch enthielt das

Lied für die Zuhörer eine Information über die Vergangenheit. In unserer Sprache ausgedrückt: Es war für sie "Geschichte", an der sie sich orientierten. Was erfuhren sie aus dieser Geschichte? Zunächst wird ein spannender Vorgang erzählt, der ihre Aufmerksamkeit fesseln konnte. Die Beteiligten hatten als Kriegshelden sehr wahrscheinlich Vorbildcharakter für die Zuhörer, unter denen ja Krieger waren. Zentral sind in der Erzählung aber zwei Botschaften, die gewirkt haben dürften, auch wenn sie nicht in unserem Verständnis diskutiert wurden: eine Aussage über die menschliche Existenz, die in allen Zeiten gilt, und eine Aussage über einen Wert der damaligen Gesellschaft. Die Geschichte zeigt eine tragische Situation. Tragik meint ja ein Verhängnis, dem wir nicht entrinnen können. Vater und Sohn müssen gegeneinander kämpfen. Einer muß sterben. Hildebrand versucht, die Situation zu entschärfen und seinem Sohn die kostbaren Ringe zu schenken. Da dieser aber ganz sicher zu sein glaubt, daß sein Vater tot ist, darf er auf das Angebot nicht eingehen. Er muß eine List fürchten, denn ein Gegner, der in dieser Situation (zwei Führer bereiten sich auf einen Zweikampf zwischen ihren Heeren vor) dem Kampf ausweicht, wäre als Feigling gebrandmarkt. Das gleiche würde mit ihm, dem Sohn Hadubrand, geschehen, wenn er auf das Angebot der Freundschaft einginge. Als Feigling wäre er gesellschaftlich erledigt gewesen, wie wir heute sagen würden. Da der Sohn entschlossen ist zu kämpfen, muß der Vater auch kämpfen. "Der wäre nun wirklich einer der Feigsten unter denen, die nach Osten gegangen sind ... der dir den Kampf verweigern wollte, da du so darauf brennst." - Heute mag uns das absurd erscheinen. Wir leben in einer anderen Zeit, haben andere Werte. Wir haben gelernt, Werte zu befragen, gerade auch auf Krieg bezogene Werte. In einer Gesellschaft, in der die persönliche Sicherheit in hohem Maß auf der Fähigkeit der Krieger beruhte, sich mit der Waffe selber zu verteidigen, mußte eine an Tapferkeit gebundene Vorstellung von Ehre in diesem Kampf ein hoher Wert sein. So wurde mit dieser Sage die Ehre des Kriegers als ein zentraler Wert tradiert und eine allgemein menschliche Erfahrung. Tragische Situationen haben Menschen zu allen Zeiten erlebt und erleben wir noch heute.

2. Mythos

Soviel zum Heldenlied als einer Art des Umgangs mit der Vergangenheit. Ein anderer Typus ist der Mythos. Bekannt sind griechische Mythen, z.b. der von Prometheus, der den Göttern das Feuer raubte, es den Menschen brachte und dafür bestraft wurde. Bekannt ist auch das folgende Beispiel:

"Die Schlange war schlauer als alle Tiere des Feldes, die Gott, der Herr gemacht hatte. Sie sagte zu der Frau: Hat Gott wirklich gesagt: Ihr dürft von keinem Baum des Gartens essen? Die Frau entgegnete: Von den Früchten der Bäume dürfen wir essen, nur von den Früchten des Baumes, der in der Mitte des Gartens steht, hat Gott gesagt: Davon dürft ihr nicht essen, und daran dürft ihr nicht rühren, sonst werdet ihr sterben.

Darauf sagte die Schlange zur Frau: Nein, ihr werdet nicht sterben. Gott weiß vielmehr, sobald ihr davon eßt, gehen euch die Augen auf; ihr werdet wie Gott und erkennt Gut und Böse. Da sah die Frau, daß es köstlich wäre, von dem Baum zu essen, daß der Baum eine Augenweide war und dazu verlockte, klug zu werden. Sie nahm von seinen Früchten und aß; sie gab auch ihrem Mann, der bei ihr war, und auch er aß."

Wir wissen wie die Geschichte weitergeht: Gott merkt, was geschehen ist, Adam schiebt die Schuld auf Eva, Eva auf die Schlange. Es folgen die Verfluchungen, zunächst die der Schlange:

"...Auf dem Bauch sollst du kriechen und Staub fressen alle Tage deines Lebens. Feindschaft setze ich zwischen dich und die Frau, zwischen deinem Nachwuchs und ihrem Nachwuchs. Er trifft dich am Kopf, und du triffst ihn an der Ferse.

Zur Frau sprach er: Viel Mühsal bereite ich dir, sooft du schwanger wirst. Unter Schmerzen gebierst du Kinder. Du hast Verlangen nach deinem Mann; er aber wird über dich herrschen.

Zu Adam sprach er: Weil du auf deine Frau gehört und von dem Baum gegessen hast, von dem zu essen ich dir verboten hatte: So ist verflucht der Ackerboden deinetwegen. Unter Mühsal wirst du von ihm essen alle Tage deines Lebens. Dornen und Disteln läßt er dir wachsen, und die Pflanzen des Feldes mußt du essen. Im Schweiße deines Angesichts sollst

du dein Brot essen, bis du zurückkehrst zum Ackerboden; von ihm bist du ja genommen. Denn Staub bist du, zum Staub mußt du zurück. ...
Dann sprach Gott, der Herr: Seht, der Mensch ist geworden wie wir; er erkennt Gut und Böse. Daß er jetzt nicht die Hand ausstreckt, auch vom Baum des Lebens nimmt, davon ißt und ewig lebt! Gott, der Herr, schickte ihn aus dem Garten von Eden weg, damit er den Ackerboden bestellte, von dem er genommen war. Er vertrieb den Menschen und stellte östlich des Gartens von Eden die Cherubim auf um das lodernde Flammenschwert, damit sie den Weg zum Baum des Lebens bewachten."[7]

Was liegt hier vor? Die Geschichte überliefert Deutungen unserer Existenz: Sie erzählt vom Ursprung des Bösen, vom Ursprung der Arbeit und des Leidens, des Todes; sie erzählt auch von einer Sozialordnung, dem Patriarchat ("er aber wird über dich herrschen"). Vor allem aber gibt sie eine Erklärung für eine Erfahrung der Menschen aller Zeiten, für die Unvollkommenheit unserer individuellen und sozialen Existenz. Wir hätten gerne ein Leben, eine Welt ohne Krankheit, ohne Leid, ohne schwer oder nicht lösbare Probleme, eine Gesellschaft ohne Benachteiligungen, ohne Zwänge, ohne Unrecht - und wir erleben all das immer wieder als Bestandteil unserer Existenz. Selbst aus gutem Wollen kann Böses erwachsen. Gewiß sind Verbesserungen möglich und auch in der Geschichte nachzuweisen. Aber besser ist in diesem Fall weniger als gut. Vollkommenheit konnte bislang nicht erreicht werden. Seit dem "Sündenfall" von Eva und Adam - so die Aussage dieser Geschichte - befindet sich die Welt im Zustand der "Erbsünde". Der Begriff verweist auf diese existentielle Grundbedingung - und nicht auf eine Schuld im moralischen Sinn.

3. Heilsgeschichte

Der dritte Typus des Erinnerns, den ich Ihnen jetzt vorstelle, hat unser europäisch-abendländisches Geschichtsdenken stärker beeinflußt, als es auf den ersten Blick erscheinen mag. Im Buch Deuteronomium, im 5. der als "Bücher Mose" bezeichneten Anfangsteile des Alten Testaments, beginnt das 5. Kapitel: *"Mose rief ganz Israel zusammen. Er sagte zu Ihnen: Höre, Israel, die Gesetze und Rechtsvorschriften, die ich euch heute vortrage. Ihr sollt sie lernen, auf sie achten und sie halten. Der Herr, unser Gott, hat am Horeb einen Bund mit uns geschlossen. Nicht mit unseren Vätern hat der Herr diesen Bund geschlossen, sondern mit uns, die wir heute hier stehen, mit uns allen, mit den Lebenden."* Im 6. Kapitel heißt es in diesem Zusammenhang: *"Höre, Israel! Jahwe, unser Gott, Jahwe ist einzig. Darum sollst du den Herrn, deinen Gott, lieben, mit ganzem Herzen, mit ganzer Seele und mit ganzer Kraft. Diese Worte, auf die ich dich heute verpflichte, sollen auf deinem Herzen geschrieben stehen. Du sollst sie deinen Söhnen wiederholen. Du sollst von ihnen reden, wenn du zu Hause sitzt und wenn du auf der Straße gehst, wenn du dich schlafen legst und wenn du aufstehst. Du sollst sie als Zeichen um das Handgelenk binden. Sie sollen zum Schmuck auf deiner Stirn werden. Du wirst sie auf die Türpfosten deines Hauses und in deine Stadttore schreiben. ... Nimm dich in Acht, daß du nicht den Herrn vergißt, der dich aus Ägypten, dem Sklavenhaus, geführt hat, den Herrn, deinen Gott, sollst du fürchten; ihm sollst du dienen, bei seinem Namen sollst du schwören. Ihr sollt nicht anderen Göttern nachfolgen, keinem Gott eines Volkes, das in eurer Nachbarschaft wohnt. ... Wenn dich morgen dein Sohn fragt: Warum achtet ihr auf die Satzungen, die Gesetze und Rechtsvorschriften, auf die der Herr, unser Gott, euch verpflichtet hat, dann sollst du deinem Sohn antworten: Wir waren Sklaven des Pharao in Ägypten und der Herr hat uns mit starker Hand aus Ägypten geführt. Der Herr hat vor unseren Augen gewaltige, unheilvolle Zeichen und Wunder an Ägypten, am Pharao und an seinem ganzen Haus getan, uns aber hatte er dort herausgeführt, um uns in das Land, das er unseren Vätern mit einem Schwur versprochen hatte, hineinzuführen und es uns zu geben. Der Herr hat uns verpflichtet, alle diese Gesetze zu halten und den Herrn, unseren Gott, zu fürchten, damit es uns das ganze Leben lang gut geht und er uns Leben schenkt, wie wir es heute haben. Nur dann werden wir im Recht sein, wenn wir darauf achten, dieses ganze Gesetz vor dem Herrn, unserem Gott, so zu halten, wie er es uns zur Pflicht gemacht hat."*[8]

Das Buch Deuteronomium ist in seiner jetzigen Form wahrscheinlich nach dem babylonischen Exil des Volkes Israel (586-538) aus älteren Texten zusammengestellt worden. Seine Bestimmung wird aus den zitierten Stellen deutlich: *"Der Herr, unser Gott, hat am Horeb einen Bund mit uns geschlossen. Nicht mit unseren Vätern hat der Herr diesen Bund geschlossen, sondern mit uns, die wir heute hier stehen, mit uns allen, mit den Lebenden."* und *"Den Herrn, deinen Gott, sollst du fürchten, ihm sollst du dienen...Ihr sollt nicht anderen Göttern nachfolgen, keinem Gott eines Volkes, das in eurer Nachbarschaft wohnt."* Was damals am Horeb auf dem Sinai geschehen ist, als Mose dem Volk Gottes zehn Gebote brachte, gilt also auch heute. Gott hat mit den Lebenden einen Bund geschlossen, mit dem Volk, das ein Zeichen seiner Herrschaft sein soll.

Den Anfang dieser Geschichte sieht die jüdische Überlieferung in der Berufung Abrahams: *"Der Herr sprach zu Abraham: Zieh weg aus deinem Land, von deiner Verwandtschaft und aus deinem Vaterhaus in das Land, das ich dir zeigen werde. Ich werde dich zu einem großen Volk machen, dich segnen und deinen Namen groß machen. Ein Segen sollst du sein. Ich will segnen, die dich segnen; wer dich verwünscht, den will ich verfluchen. Durch dich sollen alle Geschlechter der Erde Segen erlangen. Da zog Abraham weg, wie der Herr ihm gesagt hatte ..."⁹* Hier geht es nicht mehr um Deutung von Zuständen wie bei Sage und Mythos. Hier setzt Bewegung ein, eine Entwicklung. Es werden geographische Orte genannt: Ur in Mesopotanien, der Jordan, Ägypten, der Sinai und historische politische Institutionen wie der Pharao. So werden auch - grobe - Zeitbestimmungen möglich.

Die Bewegung hat ein Ziel. Gott verheißt Abraham und seinen Nachkommen ein Land, vor allem jedoch: *"Durch dich sollen alle Geschlechter der Erde Segen erlangen."* Israel als Volk Gottes soll nicht für sich leben, sondern Quelle des Segens für alle Völker sein. Diese Verheißung mündet ein in die Verheißung des Messias, der die Welt erlösen wird. Beim Propheten Jesaja, der in der zweiten Hälfte des 8. Jahrhunderts vor Christus gelebt hat, lesen wir: *"Seht, das ist mein Knecht, den ich stütze; das ist mein Erwählter, an ihm finde ich Gefallen. Ich habe meinen Geist auf ihn gelegt, er bringt den Völkern das Recht. ... Ich, der Herr, habe dich aus Gerechtigkeit gehoben, ich fasse dich an der Hand. Ich habe dich geschaffen und dazu bestimmt, der Bund für mein Volk und das Licht für die Völker zu sein: blinde Augen zu öffnen, Gefangene aus dem Kerker zu holen und alle, die im Dunkel sitzen, aus ihrer Haft zu befreien.* " An anderer Stelle heißt es: *"Ich habe dich geschaffen und dazu bestimmt, der Bund zu sein für das Volk, auch zu helfen dem Land und das verödete Erbe neu zu verteilen, den Gefangenen zu sagen: Kommt heraus! und denen, die in der Finsternis sind: Kommt ans Licht!"* Und schließlich eine Vision: *"Dann wohnt der Wolf bei dem Lamm, der Panther liegt bei dem Böcklein ... der Säugling spielt vor dem Schlupfloch der Natter, das Kind streckt seine Hand in die Höhle der Schlange. Man tut nichts Böses mehr und begeht kein Verbrechen auf meinen ganzen heiligen Berg; denn das Land ist erfüllt von der Erkenntnis des Herrn, ... "*[10]

Während die Sage von Hildebrand eine menschliche Grunderfahrung tradierte, der Mythos von der Vertreibung aus dem Paradies Bedingungen unserer Existenz erklärte, haben wir hier Geschichte als Heilsgeschichte, als Geschichte des Heiles für das Volk Israel und durch dieses Volk für die Menschheit. Heil wird verstanden als Erlösung aus dem Zustand der Unvollkommenheit, d.h. in der Sprache des Mythos von der Vertreibung aus dem Paradies ausgedrückt: Erlösung aus dem Zustand der Erbsünde, der Trennung von Gott. In der Heilsgeschichte erhalten die historischen Fakten eine Deutung, die ihnen einen Zusammenhang gibt. Ich will das am Beispiel des Exodus, des Auszugs aus Ägypten, darstellen, der eine zentrale Bedeutung hat. Nach unserer heutigen Kenntnis war es nur ein sehr kleiner Stamm, der um 1250 v. Chr. aus Ägypten auszog und schließlich nach Palästina kam. Dort vereinigte er sich mit anderen Stämmen zum Volk Israel. Auch die anderen Stämme werden eine Geschichte gehabt haben. Indem aber alle die Geschichte des Exodus als ihre Geschichte übernahmen, sie mit der Abrahamsgeschichte verbanden, stellte sich das ganze Volk in diesen Zusammenhang. Von ihm her wurde nun die Geschichte des Volkes und des einzelnen gedeutet. Die historischen Fakten wurden nicht ignoriert - die heiligen Schriften der Juden sind streckenweise ein sehr genaues Geschichtsbuch - aber sie wurden heilsgeschichtlich interpretiert. Auf diese Weise erhielt die Gemeinschaft wie der einzelne in dieser Gemeinschaft von der Heilsverheißung her eine Identität und das Leben einen Sinn. Dieser Sinn wurde und wird bei gläubigen Juden bis heute mit dieser Geschichte tradiert. Die Frage *"Wenn dich morgen dein Sohn fragt, warum achtet ihr auf die Satzungen ... auf die der Herr, unser Gott, euch verpflichtet hat?"* ist Bestandteil der wöchentlichen Sabbatfeier und der Pessach-Feier in der Familie. Der Vater antwortet mit der Geschichte des Auszugs aus Ägypten: *"Wir waren Sklaven des Pharao in Ägypten, und der Herr hat uns mit starker Hand aus Ägypten geführt."* Die Verse aus dem 6. Kapitel des Buches Deuteronomium *"Höre, Israel! Jahwe, unser Gott, Jahwe ist einzig. Darum sollst Du den Herrn, deinen Gott, lieben mit ganzem Herzen, mit ganzer Seele und mit ganzer Kraft."* sind das tägliche Gebet und ein Gebet am Sabbat, an hohen Festtagen und auch das Sterbegebet. - So prägte und prägt die Heilsgeschichte das Leben frommer Juden.

Noch etwas ist in unserem Zusammenhang von Interesse: Im Gegensatz zu antiken Vorstellungen von einem zyklischen Geschichtsverlauf, von der Geschichte als Abfolge von Bewegungen im Kreis von Aufstieg, Blüte und Untergang liegt hier die Vorstellung von einem linearen Verlauf der Geschichte zugrunde: der mythische Anfang mit der Vertreibung aus dem Paradies, die Berufung Abrahams bis zur Verheißung des Heiles mit dem Kommen des Messias.

Die heilsgeschichtliche Sicht wurde von den Christen übernommen. Nach christlicher Vorstellung ist in Jesus von Nazareth der Messias gekommen, die Erlösung da, aber noch nicht vollendet. Das wird erst mit der Wiederkunft Christi geschehen, für die Johannes in seiner Vision ähnliche Worte findet wie Jesaja: *"Dann sah ich einen neuen Himmel und eine neue Erde; denn der erste Himmel und die erste Erde sind vergangen ... Da hörte ich eine laute Stimme vom Thron her rufen: Seht, die Wohnung Gottes unter den Menschen! Er wird in ihrer Mitte wohnen, und sie werden ein Volk sein; und er, Gott, wird bei ihnen sein. Er wird alle Tränen von ihren Augen abwischen: Der Tod wird nicht mehr sein, keine Trauer, keine Klage, keine Mühsal. Denn was früher war, ist vergangen."*[11]

In der abendländischen Kultur stehen wir in der jüdisch-christlichen Tradition, ob nun der Glaube an den Gott Abrahams und Moses für uns etwas bedeutet, oder ob wir damit nichts mehr anfangen können. In der Regel haben wir aber Schwierigkeiten mit der heilsgeschichtlichen Sicht. Unsere Vorstellung von Geschichte ist von der Tatsache geprägt, daß sich in den letzten Jahrhunderten, besonders seit Ende des 18. Jahrhunderts, die moderne Geschichtswissenschaft entwickelt hat, zu der auch die Geschichtsdidaktik als Teildisziplin gehört. Um die Möglichkeiten und Begrenzungen der Geschichtswissenschaft und deren Bedeutung für die Geschichtsdidaktik zu erkennen, soll nun geprüft werden, was sie mit den skizzierten Arten des Umgangs mit der Vergangenheit gemeinsam hat, und was sie von ihnen unterscheidet.

4. Geschichtswissenschaft

Zunächst fällt ins Auge, daß im Zentrum geschichtswissenschaftlicher Arbeit das Bemühen steht, die vergangene Wirklichkeit zu erfassen. Das hört sich einfacher an, als es ist. Aber lassen wir es zunächst bei dieser Aussage.

Die oft zitierte Feststellung des Altvaters der Geschichtswissenschaft in Deutschland, Leopold von Ranke, aus dem Jahr 1824, Geschichtsschreibung habe die Aufgabe, zu "zeigen wie es eigentlich gewesen"[12], war zunächst eine Wendung gegen Bestrebungen, die Vergangenheit nach einer allgemeingültigen, überhistorischen Moral zu richten, sie zu be- oder verurteilen. Vergangene Zeiten und Menschen sollen in ihrer Eigenart erkannt werden. Deshalb sind die uns überlieferten Überreste aus der Vergangenheit sorgfältig zu prüfen. Eine Verfälschung läuft dem Zweck der historischen Arbeit zuwider, über die vergangene Wirklichkeit aufzuklären. So verweist Rankes Ausspruch auch auf die Notwendigkeit einer sorgfältigen empirischen Erforschung der Vergangenheit. Um die historischen Tatsachen festzustellen, sind spezifische Methoden erforderlich, die ständig weiterentwickelt werden. Die Anfänge können wir, wie so oft, bei den alten Griechen finden. Im 15. Jahrhundert wurde dann ihr Wert von den Humanisten entdeckt und im 16./17. Jahrhundert von den Juristen, die sich mit der gerichtlichen Klärung politischer Streitfragen beschäftigten. Die genaue Kenntnis nicht nur der alten Urkunden und Texte, sondern auch der Situation, in der sie entstanden waren, erwies sich dabei als äußerst nützlich. Hatte man sich im Mittelalter und in den folgenden Jahrhunderten auf Autoritäten wie Aristoteles berufen

16

oder Chronisten für um so glaubwürdiger gehalten, je näher sie zeitlich dem Ereignis waren, so setzte sich jetzt die Forderung nach einer Begründung durch Vernunft und überprüfbare Methoden durch. Der an der neu gegründeten Universität Göttingen lehrende Jurist und Historiker Johann David Köhler erklärte 1736 in der Vorrede zu seinem Lehrbuch zur "Reichshistorie", ein Buch vorzulegen, in dem die "gehörigen Beweise aus unverwerflichen Schriften und Urkunden beygebracht (werden), welche jedermann nach Belieben scharf nachforschen und prüfen kann".[13] Er hat damit ein zentrales Kriterium für wissenschaftliche historische Objektivität beschrieben. Wir sprechen heute von "intersubjektiver Überprüfbarkeit".

Sehen wir uns Heldenlied und Mythos daraufhin an, so ist festzustellen, daß für beide Kategorien die nachprüfbare empirische Richtigkeit keine Rolle spielt. Die Sage tradiert Werte und allgemein menschliche Grunderfahrungen, der Mythos Erklärungen unserer Existenz. Bei der Heilsgeschichte ist der Vergleich schwieriger. Die heiligen Schriften der Juden und die Bibel berichten sehr wohl historische Tatsachen. Ob sie einer wissenschaftlichen Überprüfung standhalten, muß in jedem Fall untersucht werden. Die Autoren dieser Texte wollten nicht in erster Linie historische Tatsachen nach dem Kriterium der intersubjektiven Überprüfbarkeit festhalten, sondern Erfahrungen mit dem - wissenschaftlich nicht beweisbaren - Gott, die sie eingebettet sahen in einen linearen Geschichtsverlauf vom Sündenfall bis zur Erlösung. Sie hatten darin den Sinn ihres Lebens, den Sinn der Existenz ihres "Volkes" erfahren und wollten diese Deutung der Geschichte an ihre Nachkommen weitergeben.

Wie steht es nun mit der Deutung in der Geschichtswissenschaft? Auf den ersten Blick scheint Geschichtswissenschaft nichts mit Deutung zu tun zu haben. Wenn wir aber Möglichkeiten und Grenzen der Geschichtswissenschaft aus einem didaktischen Interesse heraus erkennen wollen, müssen wir genauer hinsehen. Nur dann können wir auch erfassen, was "historische Objektivität" heißen kann.

Richtige Aussagen

Ein entscheidendes Kritierium historischer Objektivität ist - wie gesagt - die intersubjektive Überprüfbarkeit. Das heißt, die Aussagen sind anhand von Quellen zu belegen, so daß sie "jedermann nach Belieben scharf nachforschen und prüfen kann", um noch einmal Johann David Köhler zu zitieren. Fragen wir den "Mann auf der Straße" danach, was denn historische Objektivität ausmache, so wird wahrscheinlich dieses Kriterium genannt werden. Zugleich zeigen entsprechende Befragungen Irritationen, Zweifel an der wissenschaftlichen Objektivität von Historikern, die gegenüber Aussagen von Naturwissenschaftlern, etwa Physikern, so nicht geäußert werden. Zu oft hat man erfahren, daß Historiker zu sehr unterschiedlichen Aussagen kommen können. Offensichtlich ist mit der empirischen Nachprüfbarkeit noch nicht hinreichend beschrieben, was denn nun den wissenschaftlichen Umgang mit der Vergangenheit kennzeichnet.

Einen ersten Zugang zu einer vollständigeren Antwort können wir durch eine Antrittsvorlesung erhalten, die ein junger Geschichtsprofessor am Ende des 18. Jahrhunderts hielt. Das waren die Jahrzehnte, in denen die moderne Geschichtswissenschaft entstand, Jahrzehnte auch, in denen in der europäisch-nordamerikanischen Kultur ein grundlegender Wandel sichtbar wurde, der alle Lebensbereiche erfaßte, Sozialordnung, Wirtschaft, Technik, Politik. Dieser Wandel hatte sich lange vorbereitet, erreichte jetzt aber einen dramatischen Punkt in der Französischen Revolution und - äußerlich weniger dramatisch, in den Folgen aber mindestens von gleicher Bedeutung - mit der Industriellen Revolution in England. Der Professor hieß Friedrich Schiller. Der Dichter war zum Geschichtsprofessor in Jena ernannt worden und hielt am 26. und 27. Mai 1789 seine Antrittsvorlesung, gerade in jenen Tagen also, als sich in Paris der Konflikt zwischen den Generalständen und dem König zuspitzte, der dann am 14. Juli zum Ausbruch der Revolution führte. Er gab seiner Vorlesung den Titel: "Was heißt und zu welchem Ende studiert man Universalgeschichte?" In unserem Zusammenhang sind vor allem zwei Aspekte von Interesse. Welchen Geschichtsbegriff hat Schiller und was ist für ihn der Gegenstand der Geschichte?

18

Zunächst zum Gegenstand der Geschichte ein Zitat:

"Die Entdeckungen, welche unsere europäischen Seefahrer in fernen Meeren und auf entlegenen Küsten gemacht haben, geben uns ein ebenso lehrreiches als unterhaltendes Schauspiel. Sie zeigen uns Völkerschaften, die auf den mannigfaltigsten Stufen der Bildung um uns herum gelagert sind, wie Kinder verschiedenen Alters um einen Erwachsenen herumstehen und durch ihr Beispiel ihm in Erinnerung bringen, was er selbst vormals gewesen und wovon er ausgegangen ist. Eine weise Hand scheint uns diese rohen Völkerstämme bis auf den Zeitpunkt aufgespart zu haben, wo wir in unserer eigenen Kultur weit genug würden fortgeschritten sein, um von dieser Entdeckung eine nützliche Anwendung auf uns selbst zu machen und den verlorenen Anfang unseres Geschlechts aus diesem Spiegel wiederherzustellen. Wie beschämend und traurig aber ist das Bild, das uns diese Völker von unserer Kindheit geben! Und doch ist es nicht einmal die erste Stufe mehr, auf der wir sie erblicken. Der Mensch fing noch verächtlicher an. Wir finden jene doch schon als Völker, als politische Körper: aber der Mensch mußte sich erst durch eine außerordentliche Anstrengung zur politischen Gesellschaft erheben."[14]

Menscheit und Fortschritt

Schiller spricht von **dem** Menschen. Er sieht die Menschheit als eine Einheit. Unübersehbar ist die Vorstellung von der Geschichte als Entwicklung, als Fortschritt zu immer höheren Stufen, zur Verbesserung der menschlichen Existenz. Der Vergleich mit der Entwicklung vom Kind zum Erwachsenen zeigt, daß die höchste Entwicklungsstufe, die der eigenen, europäischen Kultur, das Ziel der Entwicklung auch aller anderen Kulturen ist, wie diese Kulturen wiederum frühere Entwicklungsstufen der eigenen Gesellschaft zeigen.

Welche Gedanken ruft dieser Text bei uns heute hervor? Wir befinden uns in einer Zeit des Umbruchs, in der gewohnte Vorstellungen ihre selbstverständliche Gültigkeit verlieren. Die Vorstellung von Geschichte als Fortschritt ist uns in den letzten zwei Jahrzehnten problematisch geworden, seit die Ölkrise von 1973 und die Umweltprobleme uns drastisch auf die "Grenzen des Wachstums" aufmerksam machten. Davor war diese Vorstellung weitgehend eine Selbstverständlichkeit. Sie bestimmt uns aber noch heute, wie nicht nur Begriffe wie "unterentwickelte Länder und Völker" und "Entwicklungspolitik" zeigen, sondern auch das mit solchen Begriffen verbundene politische Handeln. Es kann hier nicht untersucht werden, inwieweit diese Vorstellung berechtigt ist. Um ihr aber den Charakter einer puren Selbstverständlichkeit zu nehmen, ist es gut, sich zu erinnern, daß sie in dieser Form gar nicht so alt ist. In der Antike lag die Vorstellung eines zyklischen Verlaufs näher. Kulturen und Völker unterlagen in dieser Sicht einem Kreislauf von Aufstieg und Verfall, Menschheitsgeschichte lag diesem Denken fern. Zur jüdisch-christlichen Tradition gehört die Vorstellung von einem linearen Geschichtsverlauf, also von einer Entwicklung, die sich aber auf das Verhältnis zwischen Gott und seinem Volk bezieht. Von dieser Beziehung her wurde die empirisch faßbare Geschichte gedeutet. Sie war nicht unwichtig, aber zweitrangig. Die Geschichte des Heils stand im Vordergrund.

Wie es ist bei Schiller? Er beschreibt als Historiker diese empirisch faßbare Geschichte, zählt Faktoren auf, die den Fortschritt bewirkten, wie Verbesserungen in Landwirtschaft, Handwerk und Handel, Entwicklung der Rechtsordnung, des menschlichen Wissens, die sozialen und politischen Ordnungen, Ausbildung nationaler Unterschiede, und schließlich die Taten von Individuen, eines Kolumbus, eines Galilei. Alle diese Faktoren "mußten" nach Schiller zusammenwirken, um "die heutige Gestalt der Welt" entstehen zu lassen. Schiller wußte, daß er mit Formulierungen wie "mußte zusammentreffen, um das entstehen zu lassen" ein Ziel an die wissenschaftlich nachprüfbare Geschichte herantrug, ein teleologisches Prinzip (griech. telos= Ziel), das wissenschaftlich nicht zu beweisen ist. Er wußte, daß ebenso viele Fakten für wie gegen diese Interpretation sprachen. Wissenschaftlich sei die Frage nach dem Zweck der Geschichte nicht zu entscheiden. Der menschliche Verstand strebe aber danach, die Fakten zu ordnen, allerdings ohne "den Begebenheiten Gewalt anzutun". Erst "in den spätesten Zeiten" sei "eine Weltgeschichte nach letzterem Plane", eine Erkenntnis des Zweckes der Geschichte also, zu erwarten.[15]

Die Entwicklung der Menschheit ist bei Schiller Gegenstand der Geschichte. Er hat diese Prämisse historischen Denkens nicht erfunden, sondern ausgedrückt, was in seiner Zeit gewissermaßen "in der Luft lag". Dennoch war es eine neue Vorstellung, die sich in der Umbruchszeit am Ende des 18. Jahrhunderts durchsetzte und bis heute unser Denken beeinflußt.

Die Geschichte und ihr Ziel

Das gleiche gilt für den Geschichtsbegriff, der in dem folgenden Zitat, das dem Ende des Textes entnommen ist, deutlich wird:
"Der Mensch verwandelt sich und flieht von der Bühne; seine Meinungen fliehen und verwandeln sich mit ihm: die Geschichte allein bleibt unausgesetzt auf dem Schauplatz, eine unsterbliche Bürgerin aller Nationen und Zeiten. Wie der homerische Zeus sieht sie mit gleich heiterm Blicke auf die blutigen Arbeiten des Kriegs und auf die friedlichen Völker herab, die sich von der Milch ihrer Herden schuldlos ernähren. Wie regellos auch die Freiheit des Menschen mit dem Weltlauf zu schalten scheine, ruhig sieht sie dem verworrenen Spiele zu: denn ihr weitreichender Blick entdeckt schon von Ferne, wo diese regellos schweifende Freiheit am Bande der Notwendigkeit geleitet wird. Was sie dem strafenden Gewissen eines Gregors und Cromwells geheimhält, eilt sie der Menschheit zu offenbaren: 'Daß der selbstsüchtige Mensch niedrige Zwecke zwar verfolgen kann, aber unbewußt vortreffliche befördert'."[16]
Auf drei Elemente des Geschichtsbegriffs kommt es in unserem Zusammenhang an:
1. "Geschichte" wird im Singular gebraucht. Das mag selbstverständlich erscheinen - aber nur deshalb, weil unser Denken von eben dieser Vorstellung geprägt ist. Reinhard Koselleck hat nachgewiesen, daß der Begriff "die Geschichte" als umfassende Einheit in der deutschen Sprache nicht vor der zweiten Hälfte des 18. Jahrhunderts gebraucht wurde.[17] Davor sprach man von einzelnen Geschichten, Historien, die meist mit lehrhafter Absicht erzählt wurden. Koselleck sieht in der Erfahrung des beschleunigten Wandels in allen Lebensbereichen gegen Ende des 18. Jahrhunderts die Ursache für diese Veränderung. Aus den alten Historien konnten immer weniger Lehren für die Gegenwart gezogen werden, weil die Lebensbedingungen sich schnell und radikal veränderten. Es lag nahe,

statt dessen diese Veränderungen als Teil einer Menschheitsentwicklung zu sehen.

2. Diese eine Geschichte wird als Instanz gesehen. Sie blickt auf die Völker herab. Diese Vorstellung ist inzwischen in unserer Alltagssprache und damit in unserer Vorstellungswelt fest verankert. Dem Argument am Biertisch: "Die Geschichte zeigt doch, daß ..." ist sehr schwer etwas entgegenzusetzen. Noch deutlicher wird der Charakter als Instanz in der Redewendung "sich vor der Geschichte verantworten müssen".

3. Schließlich sieht Schiller so etwas wie die "List der Geschichte" am Werk: "...daß der selbstsüchtige Mensch niedrige Zwecke zwar verfolgen kann, aber unbewußt vortreffliche fördert." Die Geschichte sichert so den Fortschritt.

Ist uns die positive Sicht in der historischen Entwicklung heute auch vielleicht fragwürdig geworden - die beiden anderen Elemente, die Geschichte im Singular und als Instanz sind, wie mir scheint, weiter Bestandteile unseres Denkens. Ich habe Schillers Vorlesung herangezogen, um die Frage nach Merkmalen für den wissenschaftlichen Umgang mit der Vergangenheit über das Kriterium der intersubjektiven Überprüfbarkeit hinaus zu beantworten. Welche Folgerungen können gezogen werden?

Auf den ersten Blick ist eine - vielleicht verblüffende - Analogie zur Heilsgeschichte zu erkennen: Schillers Vorstellung vom Fortschritt der Menschheit könnte als säkularisierte Heilsgeschichte gesehen werden, die nicht das Verhältnis des Volkes zu Gott darstellt, sondern die innerweltliche Entwicklung der Menschheit. Ziel ist nicht die Erlösung aus der Unvollkommenheit menschlicher Existenz von der "Erbsünde", sondern Ziel ist die kulturelle Höherentwicklung. Nach Schiller ist es der "philosophische Geist" des Menschen, der ihn dazu bringt, was er in der Geschichte erforscht, in einen Zusammenhang zu bringen, wenn er "Ursache und Wirkung" erforscht hat, auch "Mittel und Absicht" zu erkennen. Schiller weiß, daß die ständige Höherentwicklung der Menschheit nur als Vorstellung existiert. Er weiß auch, daß der Geschichtsforscher die historischen Fakten seinen Vorstellungen zuliebe nicht verdrehen darf. Die Berechtigung der philosophischen Prämissen muß sich durch die künftige Geschichtsforschung erweisen: "Es bedarf wohl keiner

Erinnerung, daß eine Weltgeschichte nach letzterem Plan in den spätesten Zeiten erst zu erwarten steht."[18] Sind das nun Spekulationen eines Dichters und "philosophischen Geistes", der sich nebenher auch als Historiker betätigt hat, vom wissenschaftlichen Handwerk des Historikers aber nicht viel verstand? - Keineswegs. Die Schillersche Vorlesung zeigt vielmehr neben der vielleicht zeitgebundenen Fortschrittsidee und neben dem uns bis heute bestimmenden Geschichtsbegriff Merkmale des wissenschaftlichen Umgangs mit der Vergangenheit auf, die uns zu dem zweiten zentralen Kriterium für historische Objektivität führen können.

Geschichte und Wahrheit

Zunächst ist es gut, sich klar zu machen, daß wir alle Vorstellungen über "die Geschichte" mit uns herumtragen, einerlei ob wir Historiker sind oder nicht. Sie können sehr ungenau und allgemein sein wie: "Es geht immer bergab mit der Menschheit." oder auch: "Die Menschen haben noch immer einen Ausweg aus Schwierigkeiten gefunden und sind gerade dadurch vorangekommen." oder: "Es ist immer das gleiche Spiel, nichts Neues unter der Sonne." Sie können sich auf bestimmte Aspekte richten: "Letztlich geben doch immer große Individuen, Frauen oder Männer, den entscheidenden Anstoß." oder: "Der wirtschaftlichen Macht muß sich alles unterordnen." "Geschichte ist ein ständiger Kampf zwischen Gut und Böse." "Der Mensch ist im Grunde gut, aber die gesellschaftlichen Verhältnisse verderben ihn." "Die Kleinen ziehen immer den Kürzeren." "Die Industrialisierung hat die natürlichen Lebensbedingungen der Menschen zerstört." "Frauen wurden immer unterdrückt."
Die Liste ließe sich leicht verlängern. Derartige Sätze enthalten Aussagen über den Menschen, z.B.: Er ist gut. Sie sind aber auch mit Werten verbunden, die das Handeln beeinflussen und zum Lebenssinn beitragen. Sie sind dann Wahrheit in einem existentiellen Sinn. (Dieser Wahrheitsbegriff ist von anderen zu unterscheiden, z.B. vom Wahrheitsbegriff der Logik.)
Was heißt "Wahrheit in einem existentiellen Sinn"? Ich möchte das an zwei Sätzen erläutern:
"Frauen wurden immer unterdrückt." Wer mit dieser Vorstellung lebt, ist von der Notwendigkeit der Frauenemanzipation überzeugt. (Es sei

denn, er ist zynisch.) Das kann zum aktiven Eintreten für die Emanzipation von Frauen führen oder zu einer Form der Resignation. Im ersten und selbst im zweiten Fall bestimmt die Überzeugung von der Notwendigkeit der Emanzipation das Leben dieses Menschen. Sie ist für diese Frau oder - das gibt es ja auch - für diesen Mann eine Wahrheit, aus der heraus sie oder er lebt.

Das andere Beispiel:

"Der Mensch ist gut, aber die gesellschaftlichen Verhältnisse haben ihn immer wieder verdorben." Die lebensbestimmende Wahrheit dieser Vorstellung ist die Notwendigkeit der Veränderung gesellschaftlicher Verhältnisse. Wie weit sich jemand in seinem Handeln wirklich davon leiten läßt, ist eine andere Frage, die aber nichts daran ändert, daß diese Wahrheit zur Identität des Betreffenden gehört.

Hier besteht eine begrenzte Analogie zur Heilsgeschichte: Mit der Deutung der Geschichte als Geschichte des Verhältnisses zwischen Gott und seinem Volk von Abraham bis zur Gegenwart, eingespannt in den Bogen vom Sündenfall mit der Vertreibung aus dem Paradies bis zum Erscheinen des Messias, wurde und wird von Generation zu Generation eine Wahrheit tradiert, die das Lebens ausrichten kann, die die Identität der Gemeinschaft und des Einzelnen prägt. Die Wahrheiten, die sich in unseren alltäglichen Vorstellungen über Geschichte zeigen, sind in ihrem Deutungsanspruch und in ihrer gemeinschaftsbildenden Kraft nicht so umfassend, haben grundsätzlich aber den gleichen existentiellen Charakter, d.h. sie geben unserem Leben Sinn, wie bruchstückhaft der auch immer sein mag.

So beeinflussen Vorstellungen über Geschichte unsere Sicht der Vergangenheit und unser Interesse an ihr. Es gilt für unser alltägliches Leben, für Gespräche über Geschichte mit Freunden bei einem Glas Bier oder Wein. Gilt es auch für die Arbeit des Historikers? Worin liegt der Unterschied zwischen alltäglichem und wissenschaftlichem Umgang mit der Vergangenheit?

Zunächst ist an das erste Kriterium historischer Objektivität zu erinnern, in Schillers Sprache: den Begebenheiten keine Gewalt antun, im

24

modernen Wissenschaftsjargon: intersubjektive Überprüfbarkeit, oder anders ausgedrückt: der Historiker muß größtmögliche methodische Sorgfalt walten lassen und darf nicht um seiner Vorurteile oder Vorlieben willen die Fakten verdrehen, die Geschichte verfälschen. Die sorgfältige empirische Erforschung ist für seine Tätigkeit so zentral, daß es so erscheinen kann, als wäre diese damit bereits vollständig beschrieben.

Das Schillersche Beispiel zeigt aber nur besonders deutlich, was sich bei der Geschichtsforschung generell nachweisen läßt: Auch Historiker gehen nicht ohne Voraussetzungen, nicht ohne Vorstellungen über die Vergangenheit, nicht ohne Voreinschätzungen an die Vergangenheit heran. Die Voraussetzungen können sehr unterschiedlicher Art sein: z.B. existentielle Wahrheiten der beschriebenen Art, emotional begründete Vorlieben oder Abneigungen, aber auch konkrete Meinungen wie "Hitler wurde von der Industrie an die Macht gebracht". Die Unterschiede können sich aber auch auf den Grad an theoretischer Ausarbeitung der Vorstellungen beziehen. Die Idee vom ständigen Fortschritt der Menschheit z.b. kann als diffuse Grundüberzeugung die historische Forschung beeinflussen oder in der Skizze einer großen Entwicklungslinie ihren Ausdruck finden wie bei Schiller oder sogar in einem sehr differenzierten großen Theoriegebäude wie bei Karl Marx, das auch methodische Hinweise für die historische Forschung enthält. Diese Voraussetzungen bestimmen bereits die Fragen, die am Anfang eines Forschungsvorhabens formuliert werden. Sie wirken während der Arbeit auf die Gewichtung der Fakten und erst recht auf die Beurteilung der Ergebnisse am Ende der Arbeit ein.

Historische Objektivität

Wir müssen also zwei Aspekte beachten, wenn wir den Charakter historischer Forschung erkennen wollen: die empirische Forschung und den Bezugsrahmen der Forschung, zu dem die Voraussetzungen gehören, die die Arbeit beeinflussen. Wenn nun unterschiedliche Faktoren des Bezugsrahmens auf die Forschung einwirken, können unterschiedliche Forschungsergebnisse die Folge sein - die dann beim Laien zu Zweifeln an der Möglichkeit historischer Objektivität führen. Was kann nun historische Objektivität heißen?

Nach dem Gesagten kann ich hier zusammenfassen: Historische Objektivität kann **nicht** heißen, daß alle Historiker, die denselben Gegenstand untersuchen, zu den gleichen Forschungsergebnissen kommen müssen, wenn sie wissenschaftlich korrekt arbeiten. Es gibt zwei grundlegende Kriterien für historische Objektivität:

1. Methodische Sorgfalt, d.h., der jeweils erreichte methodische Standard ist zu beachten. (Die Methoden werden ja ständig weiterentwickelt.) Es sind auch und gerade Fakten zu berücksichtigen, die den eigenen Vorannahmen widersprechen.

2. Reflexivität, d.h., die eigenen Vorannahmen zu erkennen suchen, ihren Einfluß auf die eigene Forschung zu kontrollieren und bei der Darstellung der Forschungsergebnisse sichtbar zu machen. Dem zweiten Kriterium zu genügen, ist unvergleichlich schwieriger, als dem ersten gerecht zu werden. Das beginnt mit der Wahrnehmung der eigenen Vorannahmen. Doch wird der Aussagewert historischer Forschungsergebnisse nur erkennbar, wenn zumindest der Zusammenhang mit dem Erkenntnisinteresse deutlich wird, das die Ausgangsfrage bestimmt hat. Zur Reflexivität gehört weiter die Bereitschaft, die eigenen Vorannahmen im Lichte der Forschungsergebnisse zu überprüfen. Wahrheiten im existentiellen Sinn werden in der Regel nicht durch Forschung radikal zu widerlegen sein. Auch wenn zur Zeit die Idee vom ständigen Fortschritt diskreditiert zu sein scheint, können doch künftige Entwicklungen wieder zu einer Fortschrittseuphorie führen. Zu historischer Objektivität gehört jedoch, auch die eigenen Wahrheiten durch neue Forschungen in Frage stellen zu lassen, vor allem aber sie als Faktoren, die die eigene Forschung bestimmen, deutlich zu machen. Sie werden damit diskutierbar in einem Diskurs über Geschichte, der immer auch ein Diskurs über die Zukunft unserer Gesellschaft ist.

5. Thesen

Ich werde jetzt versuchen, die Frage nach dem Nutzen der Geschichte für unseren Zweck in sieben Thesen zu beantworten:

1. Geschichte, verstanden als wissenschaftliches Erinnern, ist eine von mehreren Arten, mit der Vergangenheit umzugehen.

2. Geschichte kann nichts über den Sinn des Lebens sagen und folglich keine "Wahrheit" in diesem Verständnis verkünden.

3. Bei der Erforschung der Vergangenheit gehen Historiker von Wahrheiten unterschiedlicher Art aus, ob ihnen das bewußt ist oder nicht.

4. Geschichte kann helfen, Wahrheiten an der vergangenen Realität zu überprüfen und sie diskutierbar zu machen.

5. Geschichte kann richtige Erkenntnisse über vergangene Wirklichkeit liefern, deren Aussagewert aber nur zu erfassen ist, wenn ihr Entstehungsprozeß, ihre Abhängigkeit von einem bestimmten Erkenntnisinteresse durchschaut wird.

6. Es besteht mehr ein gradueller als ein prinzipieller Unterschied zwischen wissenschaftlichem und alltäglichem Umgang mit der Vergangenheit. Die historischen Methoden sind aus dem alltäglichen "gesunden Menschenverstand" heraus entwickelt worden, und die Geschichtswissenschaft hat während der letzten zwei Jahrhunderte das historische Denken auch in alltäglichen Zusammenhängen beeinflußt. Der Unterschied besteht im Grad der empirischen methodischen Kompetenz und im Grad an professioneller Reflexivität.

7. In einer Zeit schnellen Wandelns in nahezu allen Lebensbereichen müssen wir uns ständig auf neue Situationen einstellen, gewohnte Denk- und Verhaltensweisen können - im Unterschied zu Gesellschaften mit langsamerem Wandel der Verhältnisse - nicht unreflektiert übernommen werden. In dieser Situation kann die historische Forschung zur Orientierung beitragen durch drei Formen ihres Gegenwartsbezugs:

   • Sie kann die Entstehung der gegenwärtigen Situation, besonders von gegenwärtig bedrängenden Problemen zeigen.

- Sie kann ähnliche Problemlagen in der Vergangenheit (Analogien) zeigen (Was war damals ähnlich oder gleich? Was war anders als heute?) und so zum besseren Verständnis der eigenen Situation beitragen.

- Sie kann durch die Begegnung mit Fremdem, mit ganz anderen Möglichkeiten menschlicher gesellschaftlicher Existenz, die Begrenzung unseres Denkens durch die Erfahrungen in unserer Gegenwart aufbrechen und so historische Phantasie wecken, die in neuen Situationen fruchtbar werden kann.

Daraus ergibt sich bereits eine Folgerung für das historische Lernen: Wenn Verständnis für Geschichte gefördert, ihr Nutzen wirksam werden soll, muß der Prozeß historischen Erkenntnisgewinns in seinen Elementen erfahren werden. Darauf gründe ich die These:

Historisches Lernen soll in prinzipieller Analogie zur Arbeit des Historikers erfolgen.

Das gilt für den Schulunterricht von der Primarstufe bis zur gymnasialen Oberstufe wie für außerschulisches historisches Lernen. Was das heißen kann, möchte ich nun an Beispielen zeigen. Dabei werde ich von Unterrichtsbeispielen ausgehend diese Elemente darstellen, also vom Konkreten zum Abstrakten kommen, wie das auch im Geschichtsunterricht geschehen sollte.

B   Historisches Lernen

1. Ein Beispiel: "Waschtag im Braker Waschhaus"[19]

Als erstes Beispiel habe ich ein Thema gewählt, das in sehr unterschiedlichen Altersstufen Gegenstand historischen Lernens sein kann, in der
Grundschule wie in der Mittelstufe, aber mit entsprechenden Erweiterun-
gen auch bei Schülern der Oberstufe und sogar bei Erwachsenen, z.B. im
Rahmen eines Stadtteilfestes. Bei meinen Überlegungen gehe ich von 13-
bis 14jährigen Schülern aus und von einem längeren Unterrichtsvorhaben,
um möglichst viele Elemente veranschaulichen zu können. Aus dem gleichen Grund werde ich als Beispiel einen Unterrichtsentwurf nehmen und
keine tatsächlich gehaltene Unterrichtseinheit. Zu den einzelnen Elementen werde ich aber jeweils weitere Beispiele aus Unterrichtsbeobachtun-
gen bringen, die dann auch Verhalten von Schülern erkennen lassen. Die
Thematik der Beispiele hat ihren Schwerpunkt in der Geschichte des alltäglichen Erlebens. Ich hoffe, erkennbar zu machen, daß
Alltagsgeschichte nur verstanden werden kann, wenn sie im Zusammenhang mit der "großen Geschichte" gesehen wird, im Zusammenhang
also mit der Geschichte gesellschaftlicher Entwicklungen und mit den
großen politischen Entscheidungen und Ereignissen.

*Unmittelbar neben der Stadt Lemgo steht an einem Flüßchen das Schloß
Brake, das Graf Simon IV. zur Lippe am Ende des 16. Jahrhunderts er-
bauen ließ. Hundert Jahre später, 1703, wurde an dem Flüßchen ein
Waschhaus gebaut, das noch heute zu sehen ist. Im Schloß Brake wurde
1989 das Weser-Renaissance-Museum eingerichtet, zu dem auch das
Waschhaus gehört. In dem Waschhaus sind zwei Stuben und der ei-
gentliche große Waschraum mit einem großen Becken, durch das das
Flußwasser geleitet werden kann, mit einem kleinen Steinbecken, einem
Kamin sowie Holz- und Steinbänken. - Wie kann dieses kleine Waschhaus Anlaß für historisches Lernen werden?*

Wir haben hier einen baulichen Überrest aus der Vergangenheit, dessen ursprünglichen Zweck Schüler vielleicht erraten könnten, aber nicht müssen, da er als "Waschhaus" gekennzeichnet ist. Weitere Informationen sollten die Schüler aber nicht erhalten, sondern sich das Gebäude gründlich ansehen und dann Vermutungen anstellen über die Zeit: Wann wurde es wohl gebaut und von wem? Wer hat hier gewaschen? Sicher werden sie jedoch besonders Vermutungen über die Art der Nutzung äußern: Wie wurde hier damals wohl gewaschen? Die Vermutungen werden festgehalten, evtl. auf Plakaten. Dabei sind besonders widersprüchliche Vermutungen und zu klärende Fragen wichtig.

Es wird dann überlegt, wie diese Fragen beantwortet werden können und ob man nicht auch einmal so waschen sollte wie damals im Waschhaus. Das könnte in eine Vorführung vor anderen Klassen münden. (Ich gehe jetzt einmal davon aus, daß die Schüler dafür zu motivieren sind, was nach meinen Erfahrungen sehr wahrscheinlich ist, aber natürlich von der konkreten Klasse abhängt.)

In einem nächsten Schritt besorgen Schüler sich die Informationen selber oder erhalten sie vom Lehrer. Es geht dabei um Informationen über die Waschmethode: Welche Arbeitsvorgänge gab es? Welche Waschmittel wurden verwendet? Weiter geht es um Informationen über soziale und politische Zusammenhänge der Arbeit im Waschhaus: Wessen Wäsche wurde in dem Waschhaus gewaschen? Wer hat hier gewaschen?

Diese Informationen können sich Schüler selber beschaffen, wenn eine entsprechende Bibliothek in der Nähe ist. Das würde ihre Selbständigkeit fördern. Sie können aber auch von Lehrerin oder Lehrer zur Verfügung gestellt werden. Im Hinblick auf die Möglichkeiten der Schüler, diese Informationen zu verarbeiten, müssen wir die arbeitstechnischen Vorgänge, die - bei den günstigen Bedingungen des Museums - von den Schülern durch eigenes Tun nachvollzogen werden können, von den sozialen und politischen Zusammenhängen unterscheiden, bei denen das nicht möglich ist. Beides zusammen ermöglicht aber erst historische Erkenntnis.

Sehen wir uns zunächst die Arbeitsgänge beim Waschen in der vorindustriellen Zeit des 18. Jahrhunderts an: Zunächst wurde die Wäsche eingeweicht. Dafür war weiches, also kalkarmes Wasser am besten geeignet. Bevor im 19. Jahrhundert Soda industriell produziert wurde und zum Enthärten des Wassers verwendet werden konnte, nahm man deshalb Regen-, Bach- oder Flußwasser. Daran konnte sich ein mindestens 12 Stunden dauerndes weiteres Einweichen in einer Seifenkrautlauge anschließen. Man gewann die Lauge durch Überbrühen von Seifenkrautwurzeln. Der Prozeß des Schmutzlösens wurde nun fortgesetzt, indem die Wäsche in Seifenwasser gekocht (die Seife war seit dem frühen Mittelalter bei uns bekannt) oder mit Aschenlauge behandelt wurde. Diese Lauge erhielt man durch Überbrühen von Holzasche mit heißem Wasser. Sie wurde dann durch ein Tuch über die Wäsche im Holzzuber gegossen. Die abgekühlte Lauge wurde aus dem Zuber abgelassen und der ganze Vorgang mehrmals wiederholt.

Nun schloß sich die mechanische Reinigung an. Die Wäschestücke wurden mit dem Klopfholz geschlagen oder auf dem Waschbrett gerieben. Danach mußte die Wäsche im fließenden Wasser gespült werden, um die Laugenreste zu entfernen. Das konnte in Brake im Waschhaus selber geschehen, da das Flüßchen ja durch den Waschraum geleitet wurde. Die Wäsche wurde ausgewrungen, Weißwäsche zum Aufhellen vielleicht in ein Indigofarbbad (blauer Farbstoff) gebracht und anschließend zum Bleichen auf der Bleichwiese ausgelegt. Während des mehrtägigen Bleichens mußte die Wäsche feucht gehalten, also besprengt werden. Wenn es die Mode erforderte, wurden bestimmte Stücke mit Getreidestärke gestärkt. Mangeln oder Bügeln waren die letzten Arbeitsgänge.

Ich habe hier den Waschvorgang beschrieben, wie er im Braker Waschhaus abgelaufen sein könnte - bis weit in das 19. Jahrhundert hinein. Wir können davon ausgehen, daß die "große Wäsche", wie es noch in meiner Kindheit hieß, bei einem kleinen Bauern, Handwerker oder Tagelöhner im Grundablauf gleich war, jedoch Feinheiten wie Aufhellen oder Stärken nicht enthielt. In Haushalten, in denen die Frauen oft am Broterwerb beteiligt waren, konnte zudem eine derartige Aktion nur in großen Zeitabständen gestartet werden. So wurden z.B. in Dörfern des Riesengebirges im Winter nur kleinere Wäschestücke nebenbei gewaschen. Die Zeit der großen Wäsche kam mit dem Frühjahrsbeginn. Ein gesondertes Waschhaus war schon eine hohe Stufe des Luxus', weil alle Arbeiten in einem wettergeschützten Raum erfolgen konnten. An der Feuerstelle konnte das Wasser erhitzt und die Lauge hergestellt werden, in den beiden Nebenräumen die Wäsche gebügelt und bei schlechtem Wetter auf dem Dachboden getrocknet werden. Die Grafen zur Lippe gehörten zu den kleineren Territorialherren im Deutschen Reich. Ihr Lebensstandard lag jedoch ohne Zweifel weit über dem, was sich der Durchschnitt des Adels und der wohlhabenderen Bürger leisten konnte. Das traf auch auf die Ausstattung ihrer Kleider- und Wäscheschränke und den ihnen möglichen Grad an Pflege der Wäsche zu. Damit sind die sozialen und politischen Zusammenhänge angesprochen, deren Kenntnis notwendig ist, um die Funktion des Waschhauses zu verstehen.

All diese Informationen müssen die Schüler erhalten. Je nach der zur Verfügung stehenden Zeit und dem bereits entwickelten Grad an Fähigkeit zu selbständigem Arbeiten wird - wie gesagt - zu entscheiden sein, ob das mehr durch Eigenarbeit der Schüler oder mehr durch Vermittlung des Lehrers geschieht. Im Rahmen eines größeren Projekts ist es möglich, die Arbeitsgänge von Schülern nachzuvollziehen und evtl. auch Besuchern, z.B. anderen Schülern, die große Wäsche vorführen zu lassen. Eine andere Gruppe könnte soziale Zusammenhänge erarbeiten, die deutlich machen, daß hier für die Schloßbewohner gewaschen wurde, wie der Waschvorgang bei den unteren Bevölkerungsschichten wohl aussah, wer im Schloß und in den übrigen Gebäuden des Komplexes wohnte (der Landesherr und seine Familie, Bedienstete unterschiedlicher Rangstufen), die Kleidung des Adels im 18. Jahrhundert, was den Landesherrn von anderen Adligen unterschied (in der Regel größerer Grundbesitz, vor allem aber Herrschaftsrechte in seinem Land, die mit Einnahmequellen verbunden waren). Wieviel von diesem historischen Kontext erarbeitet werden kann, hängt vom Interesse und der Altersstufe der Schüler ab. Während in der Grundschule die Erkenntnis genügen würde, daß der Graf über das Lipper-Land herrschte und deshalb sehr reich und der Mächtigste im Land war, könnten ältere Schüler Einblick in Hofhaltung und Verwaltung eines kleineren Territorialstaates gewinnen. In beiden Fällen könnte die Waschaktion der einen Schülergruppe durch eine kleine Ausstellung der anderen Gruppe mit Schaubildern und Texten ergänzt werden, die die Besucher in den historischen Zusammen-

hang einführt. Dabei könnten die Schüler auch von ihren Fragen und Vermutungen am Anfang des Projekts berichten und diese mit den Ergebnissen vergleichen. Soweit die Verlaufsskizze des Projekts. Ich werde den Entwurf unter vier Aspekten kommentieren:

- Analogie zwischen dem Unterrichtsverlauf und dem Verfahren bei wissenschaftlichem Erkenntnisgewinn,
- spezifisch historische Inhalte dieses Erkenntnisgewinns,
- unterrichtsmethodische Maximen,
- didaktische Bearbeitung des historischen Stoffes, in der Fachterminologie: didaktische Reduktion oder Elementarisieren.

Während ich bei den ersten beiden Aspekten von den Inhalten historischen Lernens ausgehe, verweist der dritte direkt auf die Lernenden und der vierte auf die Umsetzung dieser Einsichten.

2. Analogie des Unterrichtsverlaufs zum wissenschaftlichen Verfahren

a) Fragen und Bezugsrahmen

Alle Wissenschaft beginnt mit Fragen. Im Grunde sind es nur zwei Fragen: Wie ist das? und: Warum ist das so? Geht es um Geschichte, so müssen wir auch die grammatische Vergangenheit wählen: Wie war es? Warum war es so? Ziel des wissenschaftlichen Verfahrens ist, gegenwärtige oder vergangene Wirklichkeit zu erfassen und zu erklären. In unserem Beispiel werden die Schüler mit einem Überrest aus der Vergangenheit, mit dem Waschhaus, konfrontiert. Die Fremdartigkeit kann bei ihnen Fragen provozieren, die mit Vermutungen verbunden sind:

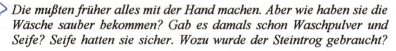

Die mußten früher alles mit der Hand machen. Aber wie haben sie die Wäsche sauber bekommen? Gab es damals schon Waschpulver und Seife? Seife hatten sie sicher. Wozu wurde der Steintrog gebraucht?

33

Was wurde in den beiden Kammern gemacht? Wer hat hier gewaschen? Vermutlich die Diener des Grafen. Es steht ja bei dem Schloß. Hatten die Leute im Dorf Brake und in der Stadt Lemgo auch Waschhäuser?

Solche Schülerfragen zeigen zweierlei: Die Schüler gehen von ihrer Erfahrungswelt aus, zu der die Waschmaschine in jedem Haushalt gehört, und von Vorstellungen und Informationen, die sie über die Vergangenheit haben. Das sind in diesem Fall die Entwicklung von der Hand- zur Maschinenarbeit, vielleicht die Vorstellung von einem allgemeinen technischen Fortschritt und die Gedankenverbindung Schloß - Graf - hoher Herr - viele Diener. Von den Erfahrungen aus der eigenen Lebenswelt her[20] und den Informationen, die sie aus den unterschiedlichsten Quellen haben, aus Gesprächen mit Erwachsenen, eigener Lektüre, Fernsehen, vielleicht sogar aus dem Geschichtsunterricht, werden Fragen entwickelt und Vermutungen formuliert. Nichts anderes geschieht, wenn Wissenschaftler, in unserem Fall Historiker, mit einem Forschungsprojekt beginnen. Sie stellen Fragen und formulieren Vermutungen in der wissenschaftlichen Terminologie: Hypothesen, die sie durch ihre Arbeit überprüfen wollen. Auch Wissenschaftler gehen bei ihren Fragen und Vermutungen von ihren eigenen lebensweltlichen Erfahrungen aus und von den Informationen, die sie schon besitzen. Der Unterschied zwischen Schülern und Wissenschaftlern ist nicht prinzipiell, sondern graduell: je jünger die Schüler sind, um so weniger Vorinformation werden sie besitzen und um so schmaler wird die eigene Erfahrungsbasis sein. Mit zunehmendem Lernalter wird diese Erfahrungsbasis sich verbreitern, werden die Vorinformationen zunehmen. Der Zusammenhang zwischen Fragen und Vermutungen einerseits und lebensweltlichen Erfahrungen und Vorinformationen andererseits besteht aber bei Grundschülern, Abiturienten und Historikern. Der Unterschied zwischen professionellen Historikern und Laien-Historikern liegt darin, daß die Wissenschaftler einen größeren Fundus spezieller Vorinformationen besitzen und den Einfluß der eigenen lebensweltlichen Erfahrungen auf ihre Forschung in der Regel besser als Laien erfassen und in ihren Publikationen deutlich machen können. Der grundlegende Zusammenhang läßt sich - sehr vereinfacht - graphisch so darstellen:

34

| lebensweltliche Erfahrungen | } | → | { | Fragen |
| Vorinformationen | | | | Vermutungen |

Ich habe noch längst nicht alle Einflüsse auf Fragen und Vermutungen genannt. In unserem Beispiel sind die Schüler nicht von sich aus zum Waschhaus gegangen. Meist entscheidet die Lehrerin oder der Lehrer darüber, was im Unterricht behandelt werden soll. Gerade bei einem größeren Projekt wird aber oft das Thema von den Schülern bestimmt, von ihren Interessen. Ob nun aber geschichtsdidaktische und pädagogische Interessen von Lehrerin oder Lehrer oder ob Interessen der Schüler zur Wahl des Themas geführt haben, in jedem Fall wird deutlich, daß weitere Faktoren die Fragen von Schülern beeinflussen. Bereits der Gegenstand unseres Fragens, was uns befragenswert erscheint, ist in der Regel nicht so vom Zufall bestimmt, wie es auf den ersten Blick erscheinen mag. Wählen Schüler das Thema "Waschen im 18. Jahrhundert", so mag das Interesse am Fremdartigen (Wie haben die Menschen das damals ohne Waschmaschine gemacht?) und an der Möglichkeit, die Tätigkeiten selber auszuprobieren, eine Rolle spielen. Einer Lehrerentscheidung für das Thema mag die Berücksichtigung solcher Schülerinteressen zugrunde liegen, aber auch der Trend zur Geschichte des Alltags, des normalen täglichen Lebens, der in der Geschichtswissenschaft seit Mitte der 70er Jahre zu beobachten ist. Vielleicht sieht die Lehrerin oder der Lehrer bei diesem Thema auch eine gute Gelegenheit, die Klasse und die eigene pädagogische Arbeit der Öffentlichkeit zu präsentieren, wenn am Schluß der Arbeit die Vorführung und die Ausstellung stehen. Diese und andere Faktoren können Ursache sein, daß Schüler überhaupt anfangen zu fragen: Wie war das denn damals, als hier noch gewaschen wurde?

Alle diese Faktoren zusammen bilden den Bezugsrahmen, der unser Fragen beeinflußt. Zu dem Bezugsrahmen gehören wichtige Faktoren und scheinbar nebensächliche, Faktoren, die uns bewußt sind, und solche, die uns nicht bewußt sind.

Wie bei Schülern und Lehrern, so werden auch die Fragen der Wissenschaftler von einem Bezugsrahmen beeinflußt. Zu dem Bezugsrahmen gehören wissenschaftsimmanente Anstöße wie Forschungslücken und scheinbar banale wie der Auftrag des Dissertationsbetreuers oder die

Schwerpunktsetzung einer finanzkräftigen Einrichtung. Aber hinter diesen stehen wiederum lebensweltliche Einflüsse, die auch direkt auf die Fragestellung einwirken. Zu ihnen gehören u.a. individuelle Neigungen oder Interessen des Forschers (die vielleicht aus seiner Lebensgeschichte zu erklären sind), Probleme der aktuellen, politischen, sozialen, ökonomischen, kulturellen Diskussion in der Öffentlichkeit (So führte die Ökologiedebatte seit den 70er Jahren zum Aufschwung entsprechender historischer Forschungen.), Vorstellungen über den Geschichtsverlauf (Geschichte linear als Fortschritt oder Verfall gesehen, als sich wiederholender Kreislauf, als Geschichte einer Europäisierung der Welt), anthroplogische Prämissen (z.B. die Annahme "Der Mensch ist gut und wird nur durch die Verhältnisse verdorben.") und schließlich auch im weitesten Sinne politische Zielvorstellungen des Forschers. Im Einzelfall alle wirksamen Faktoren zu erfassen, dürfte schwierig sein. In unserem Zusammenhang genügt es, auf einige zu verweisen. Sie sind dem Forscher nicht immer bewußt und werden - wenn sie bewußt sind - nicht immer bei der Darstellung der Forschungsergebnisse mitgeteilt. Die Entscheidung über die Fragestellung, wird also durch Faktoren des Bezugsrahmens beeinflußt.

Bezugsrahmen ⎯⎯⎯⎯⎯⎯⎯⎯⎯⎯⎯→ Fragen,
(Lebensweltliche Erfahrungen, Vermutungen
Vorinformationen,
individuelle Vorlieben,
gegenwärtige Probleme usw.)

Die Analogie von Unterrichtsanfang und wissenschaftlichem Verfahren war so ausführlich darzustellen, weil sich aus dem Zusammenhang von Fragen und Vermutungen mit dem Bezugsrahmen für Schüler Erkenntnisse über historische Objektivität entwickeln lassen. Doch darauf werde ich noch kommen. Zunächst werde ich den Vergleich des Unterrichtsverlaufs mit dem wissenschaftlichen Verfahren weiterführen.

b) Methodenfindung und Arbeit am Material

Nachdem Fragen und Vermutungen formuliert und notiert worden sind, um sie später mit den Arbeitsergebnissen vergleichen zu können, können die Schüler überlegen, wie die Fragen beantwortet, die Vermutungen überprüft werden können, um dann an die Arbeit zu gehen. Dem entspricht bei der wissenschaftlichen historischen Arbeit die Suche nach den adäquaten Methoden, d.h. nach den Methoden, die dem Gegenstand entsprechen und dem gegenwärtigen methodischen Standard. Die wissenschaftlichen Methoden werden ständig weiterentwickelt, bekannte werden verfeinert, neue Methoden kommen hinzu. In der Beachtung des methodischen Standards liegt auch ein wichtiger Unterschied des wissenschaftlichen Vorgehens zum historischen Lernen. Bei Schülern geht es darum, grundlegende Elemente der historischen Methoden kennenzulernen, die Einsicht, daß wir die für unsere Fragestellung angemessenen Methoden finden müssen, daß wir nur aufgrund von Quellen etwas über die Vergangenheit erfahren können oder die Erkenntnis, daß schriftliche Quellen zu interpretieren sind, beginnend bei den Fragen: Wer hat das geschrieben? Wann? Zu welchem Zweck?

Unsere Verlaufsskizze kann also verlängert werden:

Bezugsrahmen ➔ Fragen ➔ Methodenfindung ➔ Arbeit am
                Vermutungen   Material

Die Skizze bezeichnet den Verlauf idealtypisch und sehr vereinfacht. Wer schon einmal historisch gearbeitet hat, weiß, daß es sich hierbei nicht um eine simple Abfolge handelt, sondern um eine komplizierte Wechselbeziehung zwischen Fragestellung, Methodenfindung und Arbeit am Material. Für unseren Zweck kann es aber bei diesem Hinweis bleiben. Kennzeichnen von Wissenschaftlichkeit des Prozesses ist höchste Sorgfalt bei Methodenfindung, bei Auswahl und bei Bearbeitung des Materials, d.h. die Methoden müssen der Fragestellung und dem Material entsprechen, alles relevante Material muß beachtet werden, und bei der Arbeit müssen auch und gerade sperrige Fakten, die der eigenen Hypothese widersprechen, berücksichtigt werden. Und bei allen Schritten sind die

37

aktuell entwickelten Standards der Forschung zu beachten. - In der vereinfachten Form unserer Skizze wird aber die Analogie zum Verfahren in unserem Unterrichtsbeispiel deutlich. Zum Thema "Waschen im Braker Waschhaus" können Schüler zeitgenössische Bilder und alltagsgeschichtliche Darstellungen heranziehen um Waschtechniken zu erfassen, mit alten Menschen sprechen, wie in ihrer Jugend vor Erfindung der Waschmaschine aber - im Unterschied zum 18. Jahrhundert in Brake - schon mit Leitungswasser und Waschpulver gewaschen wurde. Sie können an historischen Karten die Größe der Grafschaft Lippe und die politische Einteilung Deutschlands im 18. Jahrhundert erarbeiten. Ältere Schüler können vielleicht etwas über die Zusammensetzung des Hofpersonals eines kleineren Territorialherren in Erfahrung bringen. Vielleicht gibt es für das Braker Schloß sogar eine Aufstellung darüber aus dem 18. Jahrhundert, die Schüler lesen können. Die meisten Informationen werden die Schüler aber aus Schriften von Historikern holen müssen. Sie müssen sich dann darüber im klaren sein, daß sie sich auf die Arbeitsergebnisse anderer verlassen.

Am Ende der Arbeit steht das Ergebnis, die Antwort auf die Ausgangsfragen und die Überprüfung der Vermutungen, ihre Bestätigung oder ihre Korrektur (s. Schaubild 1, S. 39).

c) Ergebnisse

Wurde methodisch sorgfältig gearbeitet, so ist das Ergebnis richtig und erfüllt ein Kriterium historischer Objektivität in dem Sinne, daß es von anderen Forschern, die von derselben Fragestellung ausgehend den Arbeitsprozeß nachvollziehen, nachzuprüfen ist. Es ist "intersubjektiv überprüfbar". Zugleich ist es vorläufig, weil es durch künftige Erkenntnisse überholbar ist, sei es, daß neue Quellen entdeckt, neue Methoden erarbeitet werden oder die Fragestellung weiterentwickelt wird.

In unserem Beispiel können Ergebnisse sein: Kenntnis der Arbeitsvorgänge und der Arbeitsgeräte im Waschhaus, der Vergleich mit dem Waschen bei "kleinen Leuten", Kenntnis des Zeit- und Arbeitskraftaufwandes, den das Waschen im 18. Jahrhundert erforderte, Kenntnis der Funktion des Waschhauses am Hofe eines kleinen Territorialherren, der per-

Schaubild 1

Konstitutionszusammenhang wissenschaftlicher Erkenntnis

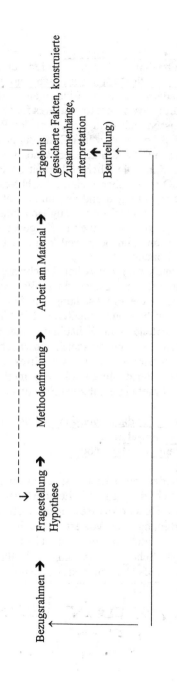

Bezugsrahmen → Fragestellung → Methodenfindung → Arbeit am Material → Ergebnis
Hypothese (gesicherte Fakten, konstruierte Zusammenhänge, Interpretation)

Beurteilung)

⟶ = Beeinflussung / ⇢ Überprüfung

sonellen Zusammensetzung des Hofes. Bei älteren Schülern könnte auch die Kenntnis der Einnahmequellen der Grafen zur Lippe erarbeitet werden: Woher hatten sie die Mittel zum Bau und Unterhalt des großen Schlosses? Das wiederum kann zu Einsichten in die Rechtsverhältnisse und politischen Kräfte dieses Territoralstaates führen.

Auch Schüler müssen sich dem Kriterium der Richtigkeit stellen. Sie müssen erfahren, daß bei historischen Erkundungen Phantasie eine Hilfe beim Suchen sein kann (Wie könnte es gewesen sein?), aber nicht die Ergebnisse bestimmen darf. Die Überprüfbarkeit bezieht sich bei ihnen nur selten auf originale Quellen, aber auch die Fachliteratur müssen sie richtig auswerten. Belegbare Aussagen und begründete, aber nicht zu belegende Vermutungen sind zu unterscheiden. Zugleich können sie erfahren, daß ihre Erkenntnisse vorläufig sind, weil ihre eigenen Erkenntnisfortschritte sie zu neuen Fragen anregen oder weil künftige Forschungen zu neuen Ergebnissen führen können.

Bereits in die Formulierung der Arbeitsergebnisse wird immer schon eine Beurteilung miteinfließen. Gehen doch Wertungen, die unser Urteil beeinflussen, bereits in die Fragestellung ein. Diesen komplizierten Zusammenhang kann ich hier nur andeuten.[21] Die Unterscheidung von Interpretation und Beurteilung im Schaubild 1 soll auf einen Sachverhalt aufmerksam machen, dem im Geschichtsunterricht erhöhte Bedeutung zukommt, wenn historisches Lernen, wie ich es beschrieben habe, nicht zur Beliebigkeit der Werte führen soll. Ein methodisch reflektierender Forscher wird seine Ergebnisse auf zwei Ebenen beurteilen:

- nach Maßstäben der damaligen Zeit, dafür habe ich hier den Begriff "Interpretation" gewählt, und
- nach seinen heutigen Maßstäben.

Beides unterscheiden zu lernen, ist auch und gerade für Schüler wichtig. Diese Einsicht drängt sich bei einem Thema unmittelbar auf, das - wie die Themen "Hexenprozesse" oder "Nationalsozialismus" - eine moralische Beurteilung provoziert. Geübt werden kann die Unterscheidung aber auch bei unserem Thema "Waschtag im Braker Waschhaus", wenn Schüler erkennen, daß für Sauberkeit im 18. Jahrhundert andere Maßstäbe galten als heute und warum dies so war.

Sauberkeit heute und im 18. Jhd.

Soweit die Darstellung der Analogie zwischen historischem Lernen und historischer Forschung. Es ist weder erforderlich noch möglich, in jeder Unterrichtseinheit die Schüler alle diese Verfahrensschritte von den Ausgangsfragen bis zur Darstellung der Ergebnisse selber vollziehen zu lassen. In unserem Beispiel war es möglich - es wurde ja auch entworfen, um alle Elemente zu demonstrieren. Andere Unterrichtsentwürfe werden Schwerpunkte setzen: bei den Ergebnissen, in der Untersuchung der Bedeutung unserer Fragen oder des Zusammenhangs von Fragen und Methoden. Manchmal wird ein Lehrervortrag die Verfahrensschritte an einem Thema vorführen. Wenn die Schüler verstehen sollen, was "Geschichte" als wissenschaftlicher Umgang mit der Vergangenheit ist, worin ihr Nutzen liegt, so müssen sie erfahren, wie die so verstandene Geschichte entsteht. Sie müssen ihren Konstitutionszusammenhang erkennen.

Das geschilderte Verfahren ist nun noch nicht spezifisch historisch, sondern ist in ähnlicher Weise auch bei anderen Geistes- und Sozialwissenschaften zu finden.

3. Spezifisch historische Inhalte und Verfahren

Was sind nun die spezifischen Inhalte historischer Erkenntnis? Auch das läßt sich an unserem Beispiel zeigen. Die Analogie zwischen Geschichtswissenschaft und historischem Lernen gilt für das Verfahren und für die Erkenntnisinhalte. Ich werde drei Aspekte untersuchen: "Zeit" als zentralen Begriff, "Erklären" und "Verstehen" als Grundverfahren und schließlich die Bedeutung der Perspektivität unserer Wahrnehmung für historisches Lernen.

a) Zeit

Geschichte hat es zentral mit Zeit zu tun. Das ist eine banale Aussage. Sie ist jedoch nur scheinbar banal. Was bedeutet Zeit im Zusammenhang mit Geschichte, und welche Folgen hat das für historisches Lernen? Haben wir mit den Jahreszahlen schon erfaßt, was man historische Zeit nennen könnte? Selbst in geschichtsdidaktischen Publikationen scheint es manchmal so. Die Jahreszahlen an sich sagen aber noch nichts über Geschichte aus. 1648 und 1848 sagen für sich genommen nur, daß die erste Zahl in der Zahlenreihe vor der zweiten kommt und daß zwei Jahrhunderte zwischen ihnen liegen. Wir haben es hier mit physikalischer Zeit zu tun. Mit ihr, d.h. mit Sekunden, Minuten, Tagen, Wochen, Monaten, Jahren können wir Zeitdauer messen und mit Hilfe von Zahlenreihen eine Chronologie erstellen, die uns erkennen läßt, welches Ereignis früher, welches Ereignis später war. Ordnend und messend erfassen wir die physikalische Zeit, Reihenfolge und Zeitdauer. In unserem Beispiel sagen 1648 und 1848 aber selbst dann kaum etwas über Geschichte aus, wenn wir zu 1648 noch "Westfälischer Frieden" hinzufügen und zu 1848 "Revolution". Wenn Zeitverständnis eine Voraussetzung für Geschichtsverständnis ist, so erhebt sich jetzt die Frage: Was ist historische Zeit? Wie unterscheidet sie sich von physikalischer Zeit?

Ich werde mich der Antwort über ein Beispiel nähern: Wer kennt nicht die Situation: Großmutter und Enkelin unterhalten sich, vergleichen die jetzige Situation mit der Jugend der Großmuttter in Kriegs- und Nachkriegszeit, und es kommt unweigerlich der Ausspruch der Älteren: "Das war eine ganz andere Zeit." Was meint sie? Im Grunde zwei Dinge, die zusammenhängen, aber doch zu unterscheiden sind:

1. Die Lebensbedingungen waren anders, in unserem Beispiel radikal anders: Bedrohung des Lebens an der Front und im Land selber, zerstörte Städte, Flucht, Wohnungsnot, Hunger, Schwarzmarkt, ein besetztes und in Zonen aufgeteiltes Land, Anfänge eines neuen politischen Systems, Väter oft noch in Gefangenschaft oder im Krieg umgekommen. Es war aber auch eine Gesellschaft ohne Fernsehen und mit einem sehr geringen Motorisierungsgrad. Noch Anfang der 50er Jahre erzählte man sich wie eine kaum glaubhafte Mär, in Amerika müßten die Fabriken Autoparkplätze für ihre Arbeiter bauen.

2. Der Anspruch der Großmutter zielt auch auf das Erleben der Menschen in dieser Zeit. "Wir hatten andere Vergnügungen, waren mit weniger zufrieden, konnten uns über Kleinigkeiten freuen, über je-

den Schritt zur Normalität." Das Erleben wurde und wird von den Bedingungen geprägt, unter denen wir leben.

Aber hier ist auch gleich eine Warnung anzubringen: Wir können zwar von den Lebensbedingungen mit einer gewissen Wahrscheinlichkeit auf das Erleben der Menschen schließen, aber wie Menschen eine Zeit genau erlebt haben, können wir nicht gleichsam mathematisch aus den Bedingungen ableiten, unter denen sie lebten. Menschen reagieren nicht nur auf ihre Lebensbedingungen, sie agieren auch, d.h. sie bringen eigene Impulse ein. So mag die eine Großmutter sagen: "Es war bei allem Schweren eine schöne Zeit nach dem Krieg. Ich war voller Tatendrang und habe die Chance eines Neuanfangs nie wieder so intensiv erlebt." Eine ehemals begeisterte und nun enttäuschte Nationalsozialistin hingegen: "Die äußere Not wäre ja noch zu ertragen gewesen, aber in mir war etwas zerbrochen. Ich habe Jahre gebraucht, bis ich das einigermaßen überwunden hatte." - Die Art, wie Menschen ihre Zeit erleben, wirkt wiederum auf diese Zeit ein. Sie könnte also auch zu den Lebensbedingungen gezählt werden. Ich möchte das hier aber nicht tun, um den für das historische Lernen wichtigen Unterschied zwischen Lebensbedingungen und Erleben zu betonen.

Historische Zeit - so können wir nun zusammenfassen - meint das Gesamt der Lebensbedingungen und das Erleben der Menschen in einem Zeitraum. Physikalische Zeit ist ein notwendiges Hilfsmittel des Historikers. Ohne sie können wir weder die Zeitdauer messen noch die Abfolge von Ereignissen ordnen, das Früher oder Später erkennen und ohne sie folglich auch nicht Ursache und Wirkung unterscheiden. Wir können nun physikalische und historische Zeit unterscheiden: Die physikalische Zeit dient dem Messen von Quantitäten und in Verbindung mit der Chronologie dem Ordnen von Ereignissen. Die historische Zeit umfaßt mit den Lebensbedingungen und dem Erleben von Menschen nicht Quantitäten, sondern Qualitäten. Nachkriegszeit und unsere Gegenwart unterscheiden sich historisch gesehen durch die Art der Lebensbedingungen und des Erlebens, durch unterschiedliche Qualitäten.[22] Die physikalische Zeit ist linear, eine Minute folgt der anderen, ein Jahr dem anderen. Historische Zeit meint ein Geflecht von Faktoren, die sich gegenseitig beeinflussen. Sie verändern sich ständig und mit ihnen die historische Zeit.

b) Erklären und Verstehen

Erklären und Verstehen sind Verfahren, mit denen wir die historische Zeit erfassen können. Das Erklären zielt auf die Lebensbedingungen, das Verstehen auf das Erleben der Menschen. Allerdings sind beide Verfahren nicht so scharf zu trennen, wie es hier den Anschein hat. Zudem wird der Begriff "Verstehen" in Geschichtswissenschaft und Philosophie sehr unterschiedlich definiert. Für meinen Argumentationszusammenhang scheint mir aber diese vorläufige und undifferenzierte Begriffsbestimmung auszureichen.[23]

In welcher Weise wird in unserem Unterrichtsbeispiel vom Braker Waschhaus historische Zeit für Schüler erfahrbar? Sind Ansätze für Erklären und Verstehen erkennbar?

Zunächst werden Schüler genau erkunden müssen, wie der Waschvorgang damals ablief. Die Erfahrungen der Schüler mit der häuslichen Wäsche helfen nicht weiter. Nahezu alles hat sich hier in den rund 300 Jahren seit dem Bau des Waschhauses verändert. Die Veränderungen und deren Ursachen könnten auch Gegenstand eines Unterrichtsprojekts sein, werden hier aber nicht berücksichtigt. Die Fragen der Schüler gehen vom eigenen Erfahrungshorizont aus, vom häuslichen Waschen und der allgemeinen Vorstellung: Früher war alles anders. Es gab keine Maschinen. Die Fragen nach dem Warum werden zunächst auf das Waschhaus und seine Einrichtung zielen. Indem die Schüler deren Zweck erkunden, den Waschvorgang rekonstruieren und selber nachvollziehen, erklären sie nicht nur diese Einrichtung, sondern auch damalige Lebensbedingungen. Sie erfassen damit zunächst nur einen sehr eng begrenzten Ausschnitt der historischen Zeit, der zudem unmittelbar nur die Menschen, in der Regel wohl Frauen, betraf, die Wäsche wuschen. Der Ausschnitt erweitert sich aber,

- wenn das Waschen am Braker Grafenhof verglichen wird mit dem Waschen armer Leute auf einem Dorf,
- wenn gefragt wird, wer am Hof lebte und wer für wen vermutlich die Wäsche wusch,
- wenn gefragt wird, woher die Mittel für Bau und Unterhalt des Schlosses mit seinen Wirtschaftsgebäuden kamen und welche rechtliche und politische Stellung ein Territorialherr hatte.

So kann je nach Interesse und Alter der Lernenden das Waschhaus Anlaß werden, in einem kleineren oder größeren Ausschnitt die damalige historische Zeit zu erfassen, indem der Zusammenhang der Lebensbedingungen erklärt wird. Historisches Verständnis beginnt erst, wenn wir von der Beschreibung (wie es damals war) zur Erklärung (warum es so war, wie es war) weitergehen. Nur dann werden wir uns auch angewöhnen, nach Ursachen auch für Veränderungen zu fragen. Wenn das Erklären bei Schülern im Vergleich zu den Erklärungen von Historikern auch sehr begrenzt und undifferenziert ist, ist es doch im Prinzip die gleiche Denkoperation, durch die historische Zeit erfaßt wird.

Komplizierter liegen die Dinge beim Verstehen. Von einem geschichtsdidaktischen Interesse aus definiere ich, wie gesagt, Verstehen als den Versuch, sich dem Erleben von Menschen zu nähern. Diese Vorsicht bei der Zielbestimmung ist geboten, wie ich gleich zeigen werde.

Zunächst erfahren die Schüler, indem sie Wäsche mit dem Werkzeug und den Methoden des 18. Jahrhunderts waschen, wie mühevoll diese Arbeit ist. Sie haben damit eine Folge der damaligen Lebensbedingungen nicht nur kennengelernt, sondern auch selber erlebt. Sie haben sich dem damaligen Erleben genähert. Haben sie es aber verstanden? Sicher nicht, wie die folgenden Überlegungen zeigen können.

Erleben ist eine subjektive Kategorie. Vollständiges Verstehen würde demnach bedeuten, das Erleben eines Menschen gleichsam von innen heraus nachvollziehen zu können. Das ist schon bei einem Menschen, mit dem wir lange eng zusammenleben, nicht möglich, geschweige denn bei Menschen der Vergangenheit. Dennoch können wir uns ihm nähern. Eine Voraussetzung dafür ist, daß es anthroplogische Konstanten gibt, d.h. Gegebenheiten, die die Menschen aller Zeiten gemeinsam haben: Sie können sich freuen, trauern, Kinder zeugen und gebären, müssen sterben, erfahren Angst, ruhen und arbeiten, erfahren körperlich leichte und körperlich schwere Arbeit. Das sind allgemein menschliche Erfahrungen. Sehr unterschiedlich ist aber, **wie** das alles erlebt wird. Die Art des Erlebens wird zum einen von den äußeren Bedingungen beeinflußt, unter denen Menschen zu einer bestimmten Zeit an einem bestimmten Ort leben, zum anderen von Faktoren, die in der Individualität des einzelnen liegen.[24] In meiner Jugend z.B. galt die Maxime, daß Jungen keine Angst haben dürfen. Es gab sicher Jungen, die wenig Angst kannten. Ich hatte

Angst, aber ich habe mit mehr oder weniger großem Erfolg versucht, sie zu verbergen, und mich ihrer geschämt. Wer mit dem Bewußtsein aufgewachsen ist, daß Angst etwas ganz Natürliches ist, kann vielleicht Vergleiche ziehen.

Aber nehmen wir die Arbeit in unserem Beispiel. Auf den ersten Blick scheint es so, als teilten die Schüler hier nun wirklich die Arbeitserfahrung der Wäscherinnen. Stimmt das aber? Für die Schüler, im Regelfall nicht an schwere körperliche Arbeit gewöhnt, ist dieses Waschen eine Ausnahmesituation, sehr anstrengend, aber vermutlich auch unterhaltsam und vergnüglich. Für die Wäscherinnen damals war das Waschen ein normaler Arbeitsvorgang, sicher anstrengend, aber nichts Außergewöhnliches. Die gleiche schwere Arbeit wird also unterschiedlich erlebt. Das unterschiedliche Erleben ist Resultat unterschiedlicher Lebensumstände und unterschiedlicher Vorstellungen, in diesem Fall von Vorstellungen über den normalerweise mit dem Waschen verbundenen Arbeitsaufwand.

Eine erste Annäherung an das Erleben der Menschen damals, ein erster Schritt zum Verstehen also, ist, sich über diese Unterschiede und ihre Ursachen klar zu werden. Das kann in elementarer Weise bereits in der Grundschule geschehen. 9-10jährige werden noch nicht zu verallgemeinerbaren abstrahierenden Aussagen kommen, wie ich sie gerade formuliert habe. Aber in diesem Unterricht könnte es zu einem Gespräch kommen, bei dem am Anfang die Fragen von Lehrerin oder Lehrer stehen: Wie war denn das Waschen für euch? Was meint ihr, wie die Frauen damals das Waschen erlebt haben? und am Ende Erkenntnisse wie:

6. Überprüfen der Hypothesen

Für uns war die Arbeit sehr schwer, und wir haben die Wäsche noch nicht einmal richtig sauber bekommen. Aber Spaß hat's gemacht. Das war mal etwas anderes. Die Frauen damals mußten beim Waschen schwer arbeiten. Für sie war das sicher normal. Sie kannten ja keine Waschmaschinen und kein Waschpulver.

Ohne daß hier die Begriffe "Lebensbedingungen" und "Vorstellungen" vorkommen, können Grundschulkinder am konkreten Beispiel den Zusammenhang von Lebensbedingungen, Vorstellungswelt und Erleben erkennen. Zur Verallgemeinerung mit diesen abstrakten Begriffen können sie später in der Sekundarstufe I kommen, wenn sie an vielen konkreten Beispielen diesen Zusammenhang erkannt haben und ihre Abstraktionsfähigkeit entwickelter ist.

Bei diesem ersten Schritt zum Verstehen handelt es sich um Vermutungen, zu denen wir aufgrund eigener Erfahrungen des Zusammenhangs von Lebensbedingungen, Vorstellungen und Erleben kommen. Einen Schritt weiter kämen wir, wenn uns Äußerungen von Wäscherinnen überliefert wären, aus denen wir auf ihr Erleben schließen können. Das ist für das 18. Jahrhundert zwar nicht sehr wahrscheinlich, aber nicht auszuschließen. Wenn wir keine haben, muß unsere Annäherung an das Erleben hier enden. Genau das und die Gründe, warum unser Versuch, die Menschen der Vergangenheit zu verstehen, hier an eine Grenze kommt, sollte Schülern bewußt gemacht werden.

Haben wir aber entsprechende Äußerungen von Zeitgenossen, so werden wir unterscheiden müssen: zwischen Aspekten, die sich aus dem Zusammenhang von Lebensbedingungen und Erleben ergaben und allen gemeinsam waren, die sich in der gleichen Situation befanden, einerseits und den individuellen Unterschieden im Erleben andererseits. Charakter und lebensgeschichtliche Erfahrungen lassen Menschen die gleiche Situation oft sehr unterschiedlich erleben. Denken Sie an die beiden Großmütter, die als junge Frauen Kriegsende und Nachkriegszeit so unterschiedlich erlebten. Beiden gemeinsam war die Erfahrung der Wohnungsnot, des Hungers, der Trennung von den Familien. Die begeisterte Nationalsozialistin durchlebte jedoch eine schwere Identitätskrise, während die andere mit dem Ende des NS-Regimes die Chance für einen Neubeginn gekommen sah, auf den sie schon lange gewartet hatte.

Kenntnis der Bedingungen, unter denen Menschen in einer bestimmten Situation lebten, und überlieferte Äußerungen über eigenes Erleben erlauben uns, sie zu verstehen in dem Sinne, daß wir uns ihrem Erleben nähern. Der Grad der Annäherung kann größer oder geringer sein, die Erkenntnisse können sehr elementar und an konkrete Beispiele gebunden sein wie bei Grundschulkindern oder sehr differenziert und durch schon vorhandenes breites Wissen gefördert wie bei professionellen Historikern - der Vorgang ist prinzipiell gleich. Allen gemeinsam ist auch, daß ein vollständiges Verstehen nicht zu erreichen ist, denn es würde vollständige Identität voraussetzen, d.h. wir müßten all unsere Erfahrungen und Anlagen aufgeben und die des anderen Menschen übernehmen können, den wir vollständig verstehen wollen. Das ist unmöglich nicht nur bei Menschen, die in einer anderen Zeit gelebt haben, sondern auch bei Menschen unserer Gegenwart.

c) Perspektivität

Mit dem Zusammenhang von Lebensbedingungen, Vorstellungen und Erleben ist eine anthropologische Gegebenheit angesprochen. Unsere Wahrnehmung, unsere Sicht der Welt ist immer beeinflußt von unserer Lebenssituation und von Vorstellungen, die wir von der Welt haben. Wie wir wahrnehmen, was uns begegnet, was uns wichtig ist und was nicht, hängt von unserer Perspektive ab. Das gilt für unsere Wahrnehmung der Gegenwart und selbstverständlich auch für unseren Umgang mit der Vergangenheit. "Perspektivität" ist die Bezeichnung für dieses Phänomen. Bei den Wäscherinnen im 18. Jahrhundert können wir als Perspektive vermuten, daß ihnen die Arbeit zwar als schwer, aber völlig normal erschien. Schülern unserer Zeit wird diese Art des Waschens als extrem schwer, zeitraubend, durch Fremdartigkeit vielleicht reizvoll, aber äußerst unnormal erscheinen. Die unterschiedlichen Lebensbedingungen im 18. und am Ende des 20. Jahrhunderts führen zu unterschiedlichen Vorstellungen von normaler Arbeitsbelastung und beeinflussen so die Sicht des gleichen Vorgangs, beeinflussen die Perspektive.

Bei den zwei jungen Frauen in der Nachkriegszeit waren die äußeren Bedingungen vermutlich nicht so unterschiedlich, wohl aber die Werte, die ihr Denken bislang bestimmt hatten. Während die eine vermutlich in ihrem Denken von Vorstellungen wie nationalsozialistische Volksgemeinschaft, deutsche Überlegenheit, Recht des Stärkeren, Führerprinzip bestimmt worden war, hatte die andere - aus welchen Gründen auch immer - diese zwölf Jahre nationalsozialistische Diktatur wahrscheinlich als Zeit der Unterdrückung erlebt und hoffte nun auf ein Leben in Freiheit. So ergaben sich bei gleichen äußeren Bedingungen zwei völlig verschiedene Perspektiven. Graphisch läßt sich der Zusammenhang so darstellen (Ich kann hier auf das bereits entwickelte Schaubild zurückgreifen.):

48

Lebensbedingungen,
Vorstellungen (z.B. von Normalität)
Werte (z.B. Recht des Stärkeren, ➜ Perspektive
freie Meinungsäußerung)
u.a.m.

Die angeführten Faktoren (Lebensbedingungen, Vorstellungen, Werte)
sind noch sehr undifferenziert, und die Liste ließe sich leicht verlängern.
Für unseren Zweck ist es jedoch ausreichend, festzuhalten, daß die Perspektive von sehr unterschiedlichen Faktoren beeinflußt wird, die sich mit
der historischen Situation ändern können. Unsere Sicht der Welt ist historisch bedingt. Die Summe all dieser Faktoren können wir - wie bereits
oben ausgeführt - Bezugsrahmen nennen.
Diese Überlegungen mögen banal erscheinen. Es ist jedoch manchmal
nützlich, banale Überlegungen anzustellen, um nicht ganz so banalen auf
die Spur zu kommen. Ich habe die beiden Beispiele aus der
Vergangenheit genommen. Es bedarf keiner weiteren Erläuterung, daß
Perspektivität unsere Welterkennntis auch heute bestimmt. Für historisches Lernen ist aber die Einsicht von Bedeutung, daß unsere Perspektive unsere Sicht der Vergangenheit beeinflußt und wie das geschieht. Gemeint ist mit dieser Einsicht eine Denkbewegung, die sich auf
den Denkenden selber richtet, sich gewissermaßen auf sich selber zurückwendet, also im Wortsinne reflexiv ist (lat.: reflexus = rückwärts
gewendet, zurückgebeugt).

Historische Bedingtheit unserer Vorstellungen

Wenden wir uns wieder unserem Beispiel "Waschen im 18. Jahrhundert" zu. Die Schüler haben selber nach alter Weise gewaschen. Sie wissen, daß das Waschhaus einen gewissen Luxus darstellte und daß im
Schloß zahlreiche Bedienstete waren. Vielleicht waren sogar spezielle
Wäscherinnen angestellt. Sie wissen, daß bei einem kleinen Bauern oder
Handwerker selbstverständlich die Wäsche von der Frau und evtl. vorhandenen Mägden neben ihrer anderen Arbeit bewältigt werden mußte.
Ihnen sind die Erfahrungen ihrer heutigen Lebenswelt präsent: Die Mutter oder der Vater wirft die Wäsche in die Waschmaschine, bereitet,

während die Maschine wäscht, das Abendessen vor, hängt die Wäsche nach dem Essen auf oder steckt sie in die Trockenmaschine, so daß sie - soweit sie nicht gebügelt werden muß - am selben Abend schon wieder in den Schrank gelegt werden kann. Waschen im 18. Jahrhundert - Waschen heute, damals eine anstrengende Arbeit von mehreren Tagen - heute nebenbei am Abend zu erledigen. Der zusammenfassende Vergleich kann Nachdenklichkeit hervorrufen:

Was hat das wohl jeweils für die Menschen zu bedeuten? Sie werden damals nicht so oft gewaschen haben wie wir heute. Dann mußten sie aber sehr viel Wäsche haben, um wechseln zu können. Mein Vater zieht jeden Tag ein frisches weißes Hemd an. Der Graf im Schloß Brake hatte vielleicht sehr viele Hemden und Unterwäsche. Aber wer nicht so reich war und als Bauer oder Handwerker täglich schwere Arbeit, oft draußen bei schlechtem Wetter, tun mußte? - Hm! Dann werden sie ihre Wäsche wohl länger getragen haben. Vielleicht waren die Leute damals nicht so sauber wie wir. Die hatten ja auch keine Wasserleitung und keine Dusche. Ob die wohl gestunken haben? Aber vielleicht haben sie das gar nicht gemerkt. Sie kannten ja nichts anderes. Die glaubten vielleicht, daß sie sauber sind, wenn sie sich einmal in der Woche ganz waschen oder noch seltener und ihr Hemd einmal im Monat. Vielleicht war es ihnen auch gar nicht so wichtig, sauber zu sein.

Ich habe den Gang der Überlegungen hier in Schüleräußerungen nachgezeichnet, wie sie von 9-12jährigen kommen. Schüler, die diese Überlegungen anstellen, haben erkannt, daß historisch bedingt ist, was als sauber gilt, und welche Bedeutung "Sauberkeit" als Wert hat, ohne von "historischer Bedingtheit" und "Wertungen" zu sprechen. Sie haben es an einem konkreten Fall erarbeitet. Bei älteren Schülern oder Erwachsenen könnten dann noch Verallgemeinerungen folgen: Unsere Vorstellung von Sauberkeit und der Grad ihrer Wertschätzung ist historisch geprägt. Vielleicht könnte das Beispiel auch dazu dienen, auf die Historizität auch anderer - scheinbar selbstverständlicher - Vorstellungen zu verweisen. In jedem Fall, bei Grundschülern wie bei älteren Schülern oder Erwachsenen, kann Geschichte auf diese Weise reflexives Denken provozieren.

War am Anfang des Unterrichts die eigene Vorstellung von Sauberkeit -
ohne daß überhaupt daran gedacht wurde - das Natürlichste von der
Welt, so kann am Ende solchen Unterrichts auch bei Grundschülern die
Erkenntnis angebahnt sein, daß unter anderen Lebensbedingungen
"sauber sein" etwas anderes bedeutet und die Menschen deshalb nicht als
nachlässig oder dreckig eingeordnet werden dürfen. So kann reflexives
Denken die Selbstverständlichkeit eigener Vorstellungen erschüttern,
indem es ihre Historizität erkennen läßt, und Verständnis für andere, zunächst befremdliche Vorstellungen wecken, da diese eben auch historisch
zu erklären sind. Das gilt nicht nur für die Begegnung mit der Vergangenheit. Historisches Lernen kann auf diese Weise auch Hilfen für das
Verstehen von Fremdem in der Gegenwart geben, in unserem Fall
vielleicht, wenn ein Asylantenkind in die Klasse kommt, dessen Einstellung zur Sauberkeit von der mitteleuropäischen Norm abweicht.

Gefühle und Werte

Nun ist mit "Sauberkeit" ein scheinbar nicht so zentraler Wert angesprochen, weil er, verglichen mit Werten wie Ehrlichkeit oder gar Meinungsfreiheit und Gleichberechtigung, doch sehr am Rande der Bedeu-
tungsskala zu liegen scheint. Er bestimmt uns aber sehr elementar. Vielleicht haben sie bei sich selbst schon einmal beobachtet, wie sie auf eine
Umgebung reagieren, in der andere Sauberkeitsnormen herrschen, etwa
in einem südlichen Land mit Wassermangel und ohne Wasserleitung und
Kanalisation. Vielleicht können wir uns dann sogar erklären, warum die
Menschen dort nicht unseren Vorstellungen von Sauberkeit entsprechen -
und dennoch wird es vorkommen, daß wir emotional Schwierigkeiten
haben, wenn wir auch nur kurze Zeit mit ihnen eng zusammenleben. Die
Gerüche machen uns zu schaffen, es kann sich ein Gefühl der Abneigung
einstellen, das wir nur schwer unterdrücken können. Was läuft hier - von
unserem geschichtsdidaktischen Erkenntnisinteresse her gesehen - ab?
Allgemein gesprochen: Wir haben seit unserer Geburt eine Vorstellung
von Sauberkeit als Norm verinnerlicht, und dieser Wert hat sich mit Gefühlen verbunden, die wir, wie alle Gefühle, nicht nach Belieben an- und
abschalten können. So kann es geschehen, daß wir, obwohl wir es eigentlich nicht wollen, mit negativen Gefühlen auf die Verletzung unserer

Normen und Werte reagieren, mit positiven, wenn wir auf Menschen und Situationen treffen, die unseren Normen entsprechen. Das heißt aber auch, daß wir von Gefühlen, emotionalen Reaktionen, auf Normen und Werte schließen können. Für das historische Lernen lassen sich aus dieser Einsicht zwei Folgerungen ziehen. Zum einen haben wir, wenn uns emotionale Äußerungen von Menschen der Vergangenheit überliefert sind, ein vielleicht nicht hinreichendes, aber gewichtiges Indiz für bestimmte Normen und Wertungen, die uns helfen können, die Menschen besser zu verstehen. Beobachten wir bei uns selber emotionale Reaktionen, so kann das ein Anstoß für reflexives Denken sein. In beiden Fällen können wir dem Zusammenhang zwischen Gefühlen, Normen und Wertungen und den jeweiligen Lebensbedingungen nachgehen und erkennen, daß wir wie die Menschen in der Vergangenheit bis in unsere Wertungen und in unser Fühlen hinein historisch geprägt sind.

Wir können unser Schaubild nun ergänzen:

Schaubild 2

Perspektivität

Bezugsrahmen

z.B.

- Lebensbedingungen	G
- lebensgeschichtliche Erfahrungen	e
- politische Teilziele	f
- allgemeine politische	ü
Zielvorstellungen	h
- taktische Überlegungen	l
- individuelle Neigungen	e
- Werte u. Normen	

} $\longrightarrow$ Perspekti›

Einige Faktoren des Bezugsrahmens bestimmen also über Gefühle unsere Perspektive und sind umgekehrt von Gefühlen her zu erschließen. Die Erkenntnis des hier mit "Perspektivität" bezeichneten Zusammenhangs ist - obwohl sie an sich naheliegt - alles andere als banal.

Erkennen von Perspektivität und historisches Beurteilen (Perspektive des Lernenden)

Der Hamburger Geschichtsdidaktiker Bodo von Borries hat 1992 Ergebnisse von empirischen Untersuchungen publiziert, in denen 2000 ost- und westdeutsche Schülerinnen und Schüler aus 6., 9. und 12. Klassen verschiedener Schulformen auf ihr Geschichtsbewußtsein hin befragt wurden. Die Befragung wurde 1990 durchgeführt und bezog sich auf sehr unterschiedliche historische Themen wie Karl der Große, Reformation, Entdeckung Amerikas, Industrialisierung. Ich möchte hier nur über das Befragungsergebnis zum Thema "Frühneuzeitliche Hexenverfolgung" berichten, weil daran die Bedeutung des gerade beschriebenen Aspekts historischen Lernens zu erkennen ist.[25]

Den Schülern wurde die zeitgenössische Darstellung einer Hexenverbrennung von 1555 vorgelegt. Im Vordergrund des Holzschnitts schüren zwei Henkersknechte das Feuer eines großen Scheiterhaufens, auf dem drei Frauen festgebunden sind. Eine von ihnen wird bereits vom Teufel in Empfang genommen, der als Drache am oberen Bildrand über den Flammen schwebt. Im Hintergrund steht eine Gruppe vornehm gekleideter Männer, und noch weiter entfernt findet gerade eine Hinrichtung mit dem Schwert statt. Außerdem sieht man eine Folterkammer. Nach einigen Fragen zum Inhalt der Darstellung wurden die Schüler aufgefordert: "Versetze dich in die Situation eines zeitgenössischen Richters, und überlege, ob du wohl an der Verurteilung einer 'Hexe' teilgenommen hättest." Es waren Antworten vorgegeben, hinter denen der Zustimmungsgrad in den Stufen "unbedingt nein", "eher nein", "eher ja" und "unbedingt ja" anzukreuzen war.

Die schärfste Ablehnung erfuhr die Antwort "Ich mache mit, denn ich glaube - wie fast alle Zeitgenossen - selbst an Hexerei...", die stärkste Zustimmung erhielt die Antwort "Ich weigere mich, denn Folter und

Verbrennung sind auf alle Fälle grausam und unmenschlich..." Bodo von Borries kommt zu folgender Auswertung: "Es ist offenkundig, daß die Befragten (ältere noch mehr als jüngere) sich nicht in die vergangene Situation versetzen wollen oder können, daß sie von heutigen menschenrechtlichen Maßstäben aus entscheiden, nicht von geschichtlich rekonstruierten Bedingungen."[26] Das deckt sich mit den Befunden anderer Befragungen. So meinte bei einer Befragung süddeutscher Schüler vor einigen Jahren die überwältigende Mehrheit, in der Nazi-Zeit würden sie sich am Widerstand beteiligt haben. Von Borries stellt fest: " Moralische Urteile mit stark emotionalem Anteil beeinflussen nicht erst das Entscheiden, sondern schon das Begreifen (Verstehen und Erklären)."[27] Er meint - und ich folge ihm darin - das sei einerseits erfreulich, denn Menschenrechte wie Verbot der Folter, Gleichberechtigung der Frau, Ablehnung von Aberglauben seien Grundlage unserer Staats- und Gesellschaftsordnung, aber die Bewertung nach diesen Kriterien müsse nach und nicht vor der historischen Analyse erfolgen, nicht nur und nicht in erster Linie, weil anderenfalls historisches Verständnis verfehlt werde, sondern weil sonst die Orientierung an Grundwerten selber in Gefahr sei (s. dazu unten C 3f.). Seine Begründung:

- "Wer nicht weiß, nicht psychisch akzeptiert, daß er als Kreuzfahrer ein Judenschlächter, als Conquistador ein Indianermörder, als Seemann ein Sklavenhändler, als Nazischerge ein Massenmörder hätte sein können, wird gegen neue Zumutungen und Verführungen wenig sensibel sein. ...

- Wer von der bedingungslosen überzeitlichen Gültigkeit der Menschenrechte - um diese abgekürzte Formel zu gebrauchen - überzeugt ist, verkennt nicht nur alle vormodernen Gesellschaften und den grundlegenden Prozeß der 'Erfindung und Entdeckung der Menschenrechte', sondern kann auch die Tatsache und die Gründe der Nichteinhaltung in heutigen Staaten mit anderen mentalen Traditionen nicht begreifen. Er wird z.B. weder den islamischen Fundamentalismus nüchtern und doch duldsam einschätzen können noch die lateinamerikanische Neigung zum Machismus und Chauvinismus.

- Wer sich Verschiedenheit bzw. Anderssein nur als defizitär gegenüber der eigenen, allein vollwertigen Verwirklichung des Menschseins vorstellen kann, der ist - Menschenrechte hin, Menschenrechte her -

selbst ein Ethnozentriker, bleibt dadurch hinter den Menschenrechten zurück und reduziert sie auf eine 'moderne europäische Stammesmoral'. Das Ertragen von Verschiedenheit und Ambivalenz soll - in der künftigen interdependenten und vielgestaltigen Weltgesellschaft - eine der wesentlichen Lernleistungen von Geschichtsbewußtsein sein ...

- Wer fremdartiges Handeln aus anderen Traditionen und Mentalitäten nicht ertragen und erklären kann, der tut den 'Anderen' (seinen Vorfahren wie fremden Kulturen) nicht nur Unrecht, er gefährdet auch Freiheit und Frieden. Denn wie soll er mit der nötigen flexiblen Kombination von Toleranz und Festigkeit auftreten, d.h. den anderen gelten lassen, aber auch etwaige Übergriffe abwehren?"[28]

Die Unfähigkeit zu einem unserer Demokratie und unserer historischen Situation angemessenen Verhalten, die von Borries hier beschreibt, beruht auf einer emotionalen Sperre und auf einer kognitiven Begrenzung. Beides hängt zusammen. Denken Sie bitte an unser Beispiel "Sauberkeit". Wenn ich nicht erkannt habe, daß die Vorstellungen von Sauberkeit bei mir selber und bei Angehörigen anderer Kulturen historisch bedingt sind, werde ich aus meinem spontanen Empfinden ableiten, daß meine Vorstellung "das Natürliche", das eigentlich Richtige, das der Menschenwürde Entsprechende ist. Das läßt sich auf die Vorstellungen von anderen Werten und Verhaltensnormen übertragen.

Das heißt nicht, daß ich bereit bin, z.B. das Recht auf Meinungsfreiheit oder die Gleichberechtigung der Frau aufzugeben. Die Menschenrechte enthalten den Anspruch auf universale Geltung. Sie sind aber historisch entstanden, in der europäisch-nordamerikanischen Kultur entwickelt worden.[29] Mit der Ausbreitung dieser Kultur auf dem gesamten Erdball haben sich die wirtschaftlichen, sozialen, politischen und geistigen Gegebenheiten in nahezu allen Ländern verändert. Dadurch hat der universale Geltungsanspruch der Menschenrechte gewissermaßen seine materiale Basis erhalten. Allerdings sind die anderen Kulturen nicht völlig in der euopäisch-nordamerikanischen aufgegangen. Daraus ergeben sich die Spannungen, die wir gegenwärtig erleben. Probleme beim Zusammenstoß unterschiedlicher Traditionen können nicht mit Radikallösungen beseitigt werden, sie erfordern Behutsamkeit. Diese Probleme können in Ländern mit einem anderen kulturellen Hintergrund auftreten, z.B. in Algerien, aber auch bei uns, wenn z.B. eine türkische Schülerin auf Wunsch der Eltern nicht am Sportunterricht teilnehmen soll.

Bodo von Borries hat damit die Notwendigkeit eines historischen Lernens begründet, das zum Verstehen des Fremden, Andersartigen führt, zugleich aber muß er ein großes Defizit im Hinblick auf diese Fähigkeit konstatieren, ein Defizit, das weitgehend altersunabhängig, also vermutlich auch bei Erwachsenen nicht ausgeglichen ist.[30] Der Befund dürfte uns allerdings nicht überraschen. Die Fähigkeit, um die es hier geht, stellt sich nicht gleichsam naturwüchsig ein. Ihre Entwicklung setzt eine geistige Anstrengung voraus, die Intellekt und Gefühl berührt. Sieht man sich aber geschichtsdidaktische Publikationen, Lehrpläne, Geschichtsbücher und andere Materialien zum Geschichtsunterricht an, so werden immer wieder historisches Bewußtsein und historisches Verständnis als Ziele beschworen, selten wird jedoch genauer untersucht, was das heißen kann und wie der Lernprozeß aussehen könnte, der diese Fähigkeit fördert. Diese Fragen lassen sich meiner Meinung nach beantworten, wenn wir von ihnen her den Zusammenhang von Perspektive, Gefühlen und Bezugsrahmen noch einmal ansehen. Die Fähigkeit, Perspektivität zu erkennen, kann das Verständnis für den Zusammenhang von historischer Zeit und dem Erleben, d.h. dem Denken und Fühlen der Menschen fördern. Mit dem Modell "Perspektivität" versuche ich, diesen Zusammenhang für geschichtsdidaktische Zwecke zu erschließen.

Folgerungen und Beispiele

Vergegenwärtigen wir uns noch einmal das mit der Skizze Gemeinte, so lassen sich drei Aspekte erkennen, denen wir Hinweise auf den Lernprozeß, seine Schwierigkeiten und seine Chancen entnehmen können. Diese Aspekte sind der Einfluß des Bezugsrahmens auf die Perspektive, die Bedeutung der Gefühle und die Reflexivität, anders ausgedrückt: Wir müssen uns fragen, wie können Schüler den Einfluß von Faktoren des Bezugsrahmens auf die Perspektive erkennen, die Einbindung von Emotionen in diesem Zusammenhang wahrnehmen und sich in reflexivem Denken üben. Die Antwort läßt sich in drei Thesen zusammenfassen:
1. Der Lernprozeß sollte bereits in der Grundschule angeregt werden.

2. Er wird am Ende der Schulzeit nicht abgeschlossen sein.
3. Die angemessene Form der Zielformulierung ist der Komparativ, d.h., wir können sehr zufrieden sein, wenn mehr Menschen in höherem Maß ein Verständnis für historische Zeit und ihre Wirkung auf Menschen zeigen, als das ohne unsere Bemühungen der Fall wäre.

Im Grunde enthält bereits unser Beispiel "Waschen im 18. Jahrhundert" konkrete Hinweise, wie ein so verstandenes historisches Lernen gefördert werden könnte. Meiner These von der prinzipiellen Analogie des historischen Lernens mit dem wissenschaftlichen Verfahren folgend, habe ich die wissenschaftlichen Elemente historischen Lernens an dem Unterrichtsentwurf dargestellt. Ich werde jetzt noch einige Beispiele aus Unterrichtsversuchen bringen, die 1993 durchgeführt wurden.[31] Das Thema lautete "Leben in der Nachkriegszeit" und war für den Aspekt des Erlebens ergiebiger als "Waschen im 18. Jahrhundert", weil es hier zeitgenössische Texte gibt und Zeitzeugen befragt werden können.

In einem 4. Schuljahr hatten die Kinder ihre Großeltern nach dieser Zeit befragt. Ein Mädchen berichtete, ihre Großmutter habe die Nachkriegszeit als Jugendliche auf dem Dorf erlebt. Die Eltern hatten eine Bäckerei und eine kleine Landwirtschaft. Zu essen hatten sie genug, mit der Kleidung war es schwierig. Sie mußten Decken und Bettwäsche verarbeiten. Das Fazit der Großmutter: "Wir waren arm, aber zufrieden."

Ein Junge hatte das Gespräch mit seiner Großmutter auf Tonband aufgenommen. Sie hatte den furchtbaren Bombenangriff auf Kassel als Kind miterlebt. Ihr Haus war zerstört worden, und dann war sie als Evakuierte auf das Dorf gekommen, in beengte Wohnverhältnisse. Für sie stand die Nachkriegszeit noch im Schatten der schrecklichen Erlebnisse in der Bombennacht. Auf dem Tonband war zu hören, daß ihre Stimme zitterte. Als ein Kind beim Abspielen darauf aufmerksam machte, sagte der Enkel: "Ja, sie hat beim Erzählen auch geweint."

Eine Schülergruppe betrachtet das Foto eines Kellerraums, in dem Menschen wohnten, weil die Häuser zerstört waren. Vier Kinder liegen in einem Bett, ein Erwachsener schläft auf dem Tisch. "Wenn man sich überlegt: Wir haben alle ein Bett, die mußten sich zu viert ein Bett teilen." "Die haben da unten gelebt, weil oben alles zerstört ist." Die Gruppe stellte der Klasse das Foto vor, und der Lehrer frag-

te, wie diese Menschen sich wohl gefühlt hätten. Darauf sagte ein Junge: "Die hatten nicht mehr so Angst wie im Krieg, aber noch den Schrecken vom Krieg im Kopf."

Den drei Beispielen ist gemeinsam, daß die Kinder den Zusammenhang von Lebensbedingungen und Erleben wahrnehmen und beschreiben, wobei zugleich für sie erkennbar wird, daß im aktuellen Erleben auch frühere Erfahrungen mitschwingen. Die letzte Äußerung zeigt mit der Vermutung über die Menschen in der Notwohnung eine hohe Sensibilität für diesen Zusammenhang. Man hätte erwarten können, daß ein Grundschulkind auf eindeutige Gefühle getippt hätte. Der Junge hat aber eine Gefühlsmischung beschrieben, die in der damaligen Zeit durchaus erlebt wurde.

Zwei weitere Beispiele:

Eine andere Schülergruppe hatte eine Foto vorgestellt, das Kinder zeigte, die von einem Güterwaggon Kohlen stehlen. Die Klasse sprach über die Situation. Ein Schüler meinte: "Klauen tut man ja nicht." Der Lehrer: "Würdest Du auch klauen?" Der Junge überlegt eine Weile: "Wenn ich Hunger hätte - ja."

Eine Zeitzeugin hatte berichtet, wie sie als 5jähriges Kind erlebte, daß jeder ein Stückchen Brot zugeteilt erhielt, das den Hunger aber nicht stillen konnte. Ihre Mutter teilte die Brotration mit dem Hund, der sonst gar nichts erhalten hätte. Darauf ein Kind aus der Klasse: "Das hätte ich aber nicht getan."

Im ersten Beispiel hat der Junge erkannt, daß Normen, die unser Verhalten bestimmen, sich mit der Veränderung der Lebenssituation, d.h. mit der historischen Zeit ändern können. Im zweiten Beispiel wird deutlich, daß Menschen nicht vollständig von den Lebensbedingungen bestimmt werden, daß sie nicht nur reagieren, sondern auch agieren. Die Tierliebe der Mutter war stärker als ihr Hunger. Dererlei abstrakte Erkenntnisse sind natürlich nichts für Grundschüler, wohl aber für ältere Schüler. In der Grundschule langt die Einsicht in den konkreten Sachverhalt. "Die Mutter hatte den Hund so lieb, daß sie für ihn hungerte." Eine Unterrichtseinheit zum selben Thema in einem 10. Schuljahr: Den Jugendlichen liegt der Text eines Gesprächs über die Nachkriegszeit vor, das Anfang der 80er Jahre geführt wurde:

"Wie ich 1945 erlebt habe, willst du wissen? Ich war sehr ent-
täuscht, persönlich beleidigt und fühlte mich angeschmiert, weil der
'Führer' uns das angetan hatte. Sieh mich nicht so entsetzt an. Ich
war damals ganz anders als heute, eine begeisterte 'Partei-Genossin'
und BDM-Führerin. Es heißt immer, die Jugendlichen wären ge-
zwungen worden, in die Hitler-Jugend einzutreten. Das kam erst spä-
ter, und ich fand das völlig richtig. Jeder 'Volksgenosse' sollte ir-
gendeiner nationalsozialistischen Organisation angehören, und die
deutsche Jugend gehörte in die Hitler-Jugend. Was sonst? Ich bin
aber gleich 33 und völlig freiwillig eingetreten.
Warum? fragst du. Nun vollzieh mal nach: Der 'Führer' versprach
uns ein herrliches Deutschland. 'Gebt mir vier Jahre Zeit, und ihr
werdet Deutschland nicht wiedererkennen!' Mein Elternhaus war
bürgerlich und alle sehr national eingestellt. Sie waren begeistert
davon, daß es jetzt wieder aufwärts gehen sollte mit Deutschland.
Und die Hitler-Jugend war die Elite der Jugend, die Hoffnung und
Zukunft der Nation. Klar, daß ich dazu gehören wollte. ...
Immer gab es Aufmärsche, haben Kapellen gespielt, sind SA-Leute
oder wir, die Hitler-Jugend, herumgezogen. Die Straße gehörte uns.
Die Fahne flatterte voran, 'in die Zukunft zieh'n wir Mann für
Mann...'.
Natürlich, als wir in Rußland einmarschiert sind, wußten wir: Jetzt
wird der Krieg härter. Es gab auch 'Miesmacher', die sagten: 'Das
kann nicht gut geh'n. Jetzt sind wir verloren.' Aber der 'Führer' hatte
gesagt: 'Wir gewinnen', also würden wir auch gewinnen. Die Russen,
das waren doch alle primitive Untermenschen, die konnten ja nicht
mal lesen und schreiben. Wie die aussah'n! Meinst du, die sah'n in
der Propaganda so aus, wie die Sowjetbürger, die ich viel, viel später
kennengelernt habe? Nein, das waren primitive Untermenschen....
Stalingrad? Ja - da wurde die Situation brenzlig. Ich glaube, da hat
die Propaganda von den russischen Untermenschen nicht mehr die
Rolle gespielt. Wir waren eingekesselt im fremden Land. Die 6. Ar-
mee kapitulierte. Das war schlimm; aber wir mußten doch den Krieg
gewinnen. Es war einfach undenkbar, ihn nicht zu gewinnen. Gab es
auch keine Butter mehr, dafür Eintopfsonntage, wir mußten die

Feinde besiegen. Sollten sie doch ihre Bomben schmeißen! Wir hatten ja noch die Wunderwaffen im Hintergrund, die V I und die V II. Dann kam das bittere Ende. Im letzten Vierteljahr habe ich nicht mehr an den Endsieg geglaubt. Doch allein die Notwendigkeit, mich am Leben zu erhalten, ließ mir keine Zeit, groß nachzudenken. Wir waren evakuiert im Bergischen Land und hausten zu dritt auf einem Zimmer. Die Amerikaner rückten immer näher. Was soll nun werden, haben wir uns gefragt. Es gab welche, die sprachen davon, sich dem Werwolf anzuschließen, um im Untergrund die Idee vom großdeutschen Reich aufrecht zu erhalten und es irgendwann doch noch zu verwirklichen.

Aber da wollte ich nicht mehr. Ich sah, daß alles aus war und fühlte mich betrogen. Meine Träume - ein Scherbenhaufen. Zwölf Jahre war ich falschen Idealen nachgerannt. Zwölf Jahre! Von 16 bis 28, die Zeit, in der man so begeisterungsfähig ist und sich mit dem Elan und der Kraft der Jugend reinschmeißt für seine Ideale. Und da siehst du plötzlich, daß alles falsch war, daß du die Angeschmierte bist...''[32]

An diesem Text können Schüler die Faktoren schon sehr differenziert erfassen, die das Erleben der jungen Frau bestimmten: das national gesinnte Elternhaus, die von der nationalsozialistischen Propaganda in einem begeisterungsfähigen Alter übernommenen Vorstellungen von der Überlegenheit der deutschen Herrenrasse, das Gefühl, verraten, angeschmiert worden zu sein, Enttäuschung. Der Unterschied zur Grundschule liegt aber nicht allein darin, daß jetzt differenziertere Erkenntnisse möglich sind und die Verbindung des Erlebens der "großen Geschichte", d.h. der gesellschaftliche Zusammenhang deutlicher wird. Jugendliche dieses Alters können aus solchen Beispielen übertragbare Erkenntnisse gewinnen, d.h. sich ein Frageinstrument erarbeiten, mit dem sie auch in anderen Fällen Perspektivität analysieren können, indem sie gezielt nach Einflüssen auf die Perspektive fragen, die aus den lebensgeschichtlichen Erfahrungen, den aktuellen Bedingungen, den erkennbaren Wertvorstellungen kommen. Es ist anzunehmen, daß Schüler, die diesen Lernprozeß durchlaufen, den Hexenprozessen nicht mehr so verständnislos gegenüberstehen wie die 1990 befragten.

Zu dem Lernprozeß gehört nicht nur das Erkennen von Faktoren, die die Perspektive beeinflussen, sondern auch die Entwicklung der Wahrnehmung von Gefühlen und ihrer Bedeutung sowie die Entwicklung reflexiven Denkens. Am Beispiel "Sauberkeit" habe ich beides angedeutet.

In den Beispielen aus der Nachkriegszeit geht es zunächst um die Wahrnehmung von Gefühlsäußerungen in Berichten aus der Vergangenheit (Die Oma hat bei dem Bericht über diese Zeit geweint.) oder um Vermutungen, wo wir keine Äußerungen aus der Zeit haben.

Bevor Thomas seine Kassette mit dem Bericht der Großmutter vorspielte, sagte er: "Als ich zu meiner Oma ging, war recht schönes Wetter. Ich habe dann aber gemerkt, daß die sich damals nicht über schönes Wetter freuen konnten, sondern nur über den Waffenstillstand. Das ist mir dauernd durch den Kopf gegangen." Bei der Vorstellung des Fotos von der Kellerwohnung: "Die haben sich nicht so wohlgefühlt, wie wir uns jetzt fühlen."

Es handelte sich hier um 9-10jährige Kinder. Ob sie mit ihren Vermutungen genau das damalige Gefühl getroffen haben, ist zunächst zweitrangig. Vorrangig ist, daß sie überhaupt lernen, auf Gefühle zu achten, bei anderen Menschen und bei sich selber. Dazu bedarf es gezielter Impulse. Der Lehrer hatte Thomas gefragt: "Wie hast du dich denn gefühlt, als du zu deiner Oma gingst, um sie zu fragen?" Es geht darum, Gelegenheiten zu schaffen, bei denen eigene und fremde Gefühle bewußt wahrgenommen und angesprochen werden. Das kann bei Menschen der Vergangenheit geschehen, aber auch in der Lerngruppe selber. Wir erleben ja ständig "historische Zeit" im beschriebenen Sinne. So kann sich im Gespräch in der Lerngruppe herausstellen, daß die gleiche äußere Situation (z.B. als Schüler vor der Tafel stehen, als Student ein Referat halten) sehr unterschiedlich erlebt werden, mit sehr unterschiedlichen Gefühlen verbunden sein kann. Das können wir ansprechen und nach Ursachen dafür fragen. Dabei ist nicht wichtig, daß diese Ursachen vollständig und absolut richtig erfaßt werden. Wichtig ist, daß wir den Zusammenhang erkennen. Den psychischen Aspekt der historischen Zeit können wir auf diese Weise unmittelbar erleben und so sensibel für das Erleben von Menschen in der Vergangenheit werden.

Einsicht in die Bedeutung von Emotionen für Lernen generell ist inzwischen eine Binsenweisheit.[33] Sie in dieser Weise in das historische Lernen einzubeziehen, ist relativ neu,[34] aber notwendig, wenn wir uns nicht mit dem Defizit abfinden wollen, das Bodo von Borries beschrieben hat.

Bislang hatte im Geschichtsunterricht eher die Tendenz geherrscht, Schüler zu "sachlichen" Äußerungen zu erziehen. So konnte es geschehen, daß beim Wettbewerb um den Preis des Bundespräsidenten zu den Themen "Zwangsarbeiter in der NS-Zeit" und "Ausländische Arbeitnehmer in der Bundesrepublik", bei dem die Schüler selber in Archiven forschten und Zeitzeugen befragten, der emotionale Aspekt in den Arbeiten so gut wie gar nicht vorkam, weder im Hinblick auf das Geschehen in der Vergangenheit noch im Hinblick auf die berichtenden Schüler selber. Eine Gymnasiallehrerin berichtete, ihre Schülerinnen und Schüler hätten ihr in Gesprächen von erschütternden Szenen und von eigener Erschütterung bei Befragungen von Zeitzeugen erzählt, in den Berichten sei dann aber nichts davon erwähnt worden.[35]

Auch reflexives Denken ist nicht möglich ohne Wahrnehmung der eigenen Gefühle, die ja Indikatoren zumindest für einige Faktoren unseres Bezugsrahmens sind. Bei der Betrachtung des Fotos Kohlen stehlender Kinder folgte auf die spontane Feststellung: "Klauen tut man nicht." die Überlegung: "Was würde ich machen, wenn ich Hunger hätte." Es ist zu vermuten, daß sich bei dem Schüler die Erkenntnis anbahnte, daß seine, auch emotional begründete Ablehnung des Stehlens, sich unter anderen Lebensbedingungen auch ändern könnte. So beginnt reflexives Denken.

Jetzt sind zwei Warnungen fällig: Erstens hoffe ich, die Bedeutung der Emotionen für historisches Lernen gezeigt zu haben, der Emotionen von Menschen vergangener Zeit, aber besonders auch der eigenen Emotionen der Lernenden. Ich hoffe auch, daß deutlich geworden ist: Es geht nicht darum, bestimmte Emotionen zu fördern, andere zurückzudrängen, sondern es geht darum, Emotionen differenziert wahrzunehmen und zu versuchen, ihre historische Prägung zu erfassen. Über Emotionen können wir nicht verfügen, und wir können sie auch niemandem ein- oder ausreden. Wir können aber lernen, sie wahrzunehmen, sie zu akzeptieren und - indem wir die eigenen Emotionen in dieser Weise reflektieren - ihnen nicht mehr blind ausgeliefert zu sein. Das ist ein hohes Ziel, und ich muß an den Komparativ erinnern: Es ist schon viel erreicht, wenn wir diese Fähigkeit bei etwas mehr Menschen fördern können. Das Ziel wird auch nicht nur über historisches Lernen zu erreichen sein, aber historisches Lernen kann einen gewichtigen Beitrag dazu leisten, einen Beitrag zum Selbst- und Fremdverstehen, mit dem es zur Zeit in Deutschland nicht zum besten bestellt ist, sowohl zwischen Ost- und Westdeutschen als auch zwischen Deutschen und Ausländern.

Die zweite Warnung bezieht sich auf die "Lernatmosphäre": Das Einbeziehen von Emotionen und reflexivem Denken setzt soziale Beziehungen in der Lerngruppe voraus, in denen man sich ohne Angst äußern kann. Über Gefühle, besonders über eigene Gefühle und Wertvorstellungen zu sprechen, kann nicht gefordert werden. Ob in der Grundschule, im Gymnasium oder in der Volkshochschule - als Unterrichtender kann ich nur Gelegenheit schaffen, darüber zu sprechen, sich darauf einzulassen, und muß warten, ob das Angebot aufgegriffen wird. Allerdings sollte ich solche Gelegenheiten immer wieder schaffen, denn von alleine wird sich schwerlich etwas in dieser Richtung entwickeln. Voraussetzung ist jedoch, daß die Schüler oder Kursteilnehmer erfahren, daß sie akzeptiert sind und daß ihre Äußerungen auch dann ernst genommen werden, wenn sie vielleicht aus dem Rahmen fallen.

Perspektivität und wissenschaftliches Erinnern

Bislang habe ich Perspektivität auf zwei Ebenen vorgestellt: bei Menschen der Vergangenheit und bei den Lernenden. Auch der Historiker geht bei seiner Arbeit von einer Perspektive aus. Den Zusammenhang von wissenschaftlicher Fragestellung und Bezugsrahmen des Historikers habe ich bereits formal beschrieben. Ich möchte das jetzt inhaltlich erläutern. Ich werde dabei von unserem Beispiel "Waschen im 18. Jahrhundert" ausgehen und kann so ein weiteres Mal die prinzipielle Analogie von historischem Lernen und historischer Forschung zeigen.

So, wie ich den Unterrichtsverlauf bis jetzt beschrieben habe, könnte eine - vielleicht unausgesprochene - Meinung sich in den Köpfen der Schüler festsetzen:

Es wird alles immer besser. Wir müssen nicht mehr so schwer arbeiten wie früher. Maschinen und chemische Produkte nehmen uns immer mehr Arbeit ab, und wir können uns einen sehr viel höheren Grad an Sauberkeit leisten."

Der Fortschritt zum Besseren könnte so als nicht anzuzweifelndes Faktum angesehen werden.

Noch vor 25 Jahren hätte ich ein solches Resultat mit Sicherheit erwartet. Heute bin ich mir nicht mehr so sicher, ob nicht schon in der Grundschule Kinder mit dem Argument kommen: *Ja, heute ist das Waschen vielleicht leichter, geht schneller und die Wäsche wird sauberer. Aber mit den Waschmitteln und den chemischen Sachen verderben wir das Wasser in unseren Flüssen. Und das Trinkwasser wird auch schon knapp, weil wir so viel verbrauchen.* Und wenn diese Gedanken nicht von den Kindern oder Jugendlichen geäußert würden, würde ich sie als Lehrer einbringen, um bei dem Vergleich "Waschen im 18. Jahrhundert" und "Waschen heute" auch über die Kosten des Fortschritts zu sprechen und einem naiven Fortschrittsoptimismus vorzubeugen, den ich für historisch nicht gerechtfertigt halte. In den letzten 25 Jahren hat sich das Bewußtsein für diese Problematik gewandelt. Während bis zur Ölkrise von 1973 als Miesmacher und Randfigur eingeordnet wurde, wer auf die "Grenzen des Wachstums" verwies, hat sich die Stimmung heute nahezu ins Gegenteil verkehrt. Die Entwicklung eines Problembewußtseins in der Öffentlichkeit hat die Fragestellungen der Geschichtswissenschaft beeinflußt. Seit ca. 15 Jahren ist die Zahl der Arbeiten zur historischen Erforschung ökologischer Fragen rapide gewachsen. Entsprechende Publikationen finden auch ihre Käufer. Aktuell in der Öffentlichkeit diskutierte Probleme bestimmen unser Interesse an der Geschichte. Sie sind ein Faktor - neben anderen - des Bezugsrahmens von Historikern und bei dem alltäglichen, d.h. bei dem nicht wissenschaftlich kontrollierten Umgang mit der Vergangenheit. Geschichte ist - so hatte ich definiert - was wir von der Vergangenheit erinnern. Beim alltäglichen wie beim wissenschaftlichen Erinnern gehen wir von einer Perspektive aus, die sogar teilweise von den selben Faktoren beeinflußt sein kann. Worin liegt der Unterschied?

Ich möchte das am Beispiel der Einstellung zur Fortschrittsproblematik sehr vereinfacht erklären. Nehmen wir an, in beiden Fällen besteht eine Skepsis in bezug auf die Entwicklungstendenz des Verhältnisses Mensch - Umwelt und die Vorstellung, daß sog. Naturvölker pfleglicher mit der Natur umgegangen seien. Im alltäglichen Umgang mit der Vergangenheit neigen wir dazu, dafür Beispiele zu suchen und diese als Beleg zu nehmen. Der Wissenschaftler ist sich zunächst klar, daß seine Vorannahme einleuchtend, aber doch an historischen Material zu überprüfen ist. Er wird das sorgfältig tun, dabei vielleicht entdecken, daß die überall zitierte Rede des Häuptlings Seattle aus dem Jahr 1855, die den schonenden Umgang der Indianer mit der Natur und den Raubbau des Weißen Mannes gegenüberstellt, in den 70er Jahren unseres Jahrhunderts geschrieben wurde und daß es unter den Indianern Nordamerikas auch Raubbau gab. Ob diese Erkenntnisse ausreichen, die Vorannahmen zu widerlegen, oder ob nur eine Korrektur erforderlich ist, der Historiker muß zu beidem bereit sein. Das gleiche gilt, wenn andere Vorstellungen die Forschung beeinflussen, also in diesem Fall vielleicht die Vorstellung, daß das Verhältnis Mensch - Umwelt sich zwar verändert, aber nicht fortlaufend verschlechtert. Die historische Forschung muß zwei Kriterien genügen:

1. Der Forderung nach methodischer Sorgfalt, auch "sperriges Material", das den eigenen Vorstellungen widerspricht, ist zu berücksichtigen,

2. der Forderung nach Reflexivität, d.h. der Forscher soll sich der eigenen Vorannahmen und ihres Einflusses auf seine Fragestellung bewußt und bereit sein, sie im Lichte seiner Forschungsergebnisse ggf. zu korrigieren.

Eine Skizze kann den Unterschied zwischen alltäglichem und wissenschaftlichem Erinnern verdeutlichen (s. Schaubild 3 auf S. 66).

Die Gegenüberstellung ist idealtypisch. Die historische Methode ist aus dem "gesunden Menschenverstand" heraus entwickelt worden. Das alltägliche Erinnern kann im konkreten Fall durchaus Elemente des Wissenschaftlichen enthalten. Ziel historischen Lernens ist jedoch, den Wert dieser beiden Kriterien historischer Objektivität erfahrbar zu machen, sei es, daß Schüler reflexives Denken und methodische Genauigkeit selber üben und so ihre Vorstellungen relativieren oder korrigieren, in unserem Beispiel die Vorstellungen von Sauberkeit und Fortschritt, sei es, daß ältere Schüler, vielleicht im 9. Schuljahr, Perspektivität und historische Objektivität an zwei Historikern überprüfen, die von unterschiedlichen Ansätzen her das gleiche historische Phänomen untersucht haben und deshalb auch zu unterschiedlichen Ergebnissen gekommen sind (siehe Schaubild 1).

65

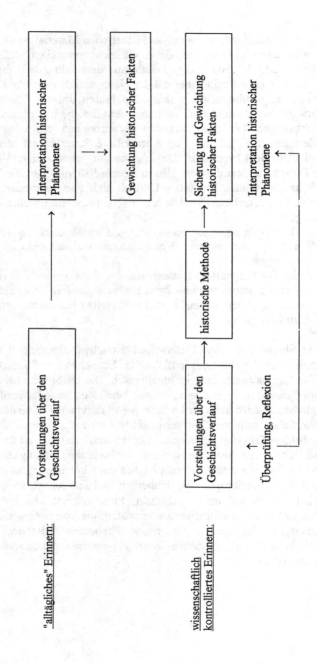

Schaubild 3

"alltägliches" Erinnern:

Vorstellungen über den
Geschichtsverlauf

→

Interpretation historischer
Phänomene

→

Gewichtung historischer Fakten

wissenschaftlich
kontrolliertes Erinnern:

Vorstellungen über den
Geschichtsverlauf

→

historische Methode

→

Sicherung und Gewichtung
historischer Fakten

→

Interpretation historischer
Phänomene

Überprüfung, Reflexion

Das am Erleben von Menschen der Vergangenheit und an dem Erleben der Schüler selber entwickelte Modell der Perspektivität läßt sich also auch zur Analyse dieses Zusammenhangs auf der Ebene des Erinnerns verwenden, zur Erkenntnis der Perspektivität bei Historikern aber auch bei alltäglichem Erinnern. Denken Sie bitte an das Interview mit der ehemaligen BDM-Führerin. Als sie beginnt, sagt sie zu ihrer Gesprächspartnerin: "Sieh mich nicht so entsetzt an. Ich war damals ganz anders als heute." Als sie von den russischen "Untermenschen" in der nationalsozialistischen Propaganda spricht, erwähnt sie die "Sowjetbürger", die sie später kennengelernt habe. Und schließlich: "Es greift mich an, davon zu sprechen. Was hatte ich für einen Dünkel." Indem sie ihr damaliges Erleben schildert, wird erkennbar, daß und in welche Richtung sich ihr Bezugsrahmen verändert hat.

Drei Aspekte der Perspektivität habe ich dargestellt, die Perspektivität bei Menschen der Vergangenheit, bei alltäglichem und wissenschaftlichem Erinnern und schließlich die Perspektivität bei den Schülern selber. Etwas ist in diesem Zusammenhang noch zu ergänzen: Geschichtsdidaktische Entscheidungen gehen von einer bestimmten Sicht der Gegenwart und der Aufgaben historischen Lernens aus. So habe auch ich meinen Bezugsrahmen, der in den Thesen am Ende von Teil A und selbstverständlich in den Ausführungen zum Lernen erkennbar ist. Damit ist zugleich ein weiteres Element angesprochen, genauer gesagt: ein m.E. zentrales Anliegen. So wenig, wie es die einzig wahre Sicht auf die Geschichte gibt, so wenig gibt es den wahren, einzig richtigen Geschichtsunterricht. Soll die Fähigkeit zum Diskurs über Geschichte gefördert werden, so ist **reflexives Denken auch im Hinblick auf die Zielsetzungen des eigenen Geschichtsunterrichts** zu üben.[36]

4. Unterrichtsmethodische Maximen

Ich werde mich hier nicht zu den verschiedenen Unterrichtsmethoden im Geschichtsunterricht oder zu den Unterrichtsmedien äußern. Dazu gibt es genügend Literatur.[37] Die methodischen Prinzipien, um die es mir geht, ergeben sich aus der Skizze über Elemente historischen Lernens. Von ihnen her können Unterrichtsmethoden und Unterrichtsmedien ausgewählt werden.

Scheinbar habe ich gegen eine pädagogische Grundüberzeugung verstoßen, indem ich meine Überlegungen mit Erörterungen über Geschichte und historische Zeit, also mit dem Fach begonnen habe, und nicht mit der Frage nach dem Lernenden, Schüler oder Erwachsenen, seinen psychischen Voraussetzungen und seinen Interessen. Auf diese Weise war es aber möglich zu zeigen, daß historisches Lernen im Vollsinne eben nicht allein im Lernen von Jahreszahlen, Namen und Ereignissen besteht, sondern den Lernenden als Person einbeziehen muß, wenn es gelingen soll. Das ist also schon "von der Sache her" zu fordern, unabhängig von allgemein pädagogischen Überlegungen.

Zu den psychischen Voraussetzungen sei hier nur festgestellt, daß ein historisches Lernen, wie ich es an den Beispielen "Waschen im 18. Jahrhundert" und "Leben in der Nachkriegszeit" gezeigt habe, nach heutigen psychologischen Erkenntnissen und Unterrichtserfahrungen der psychischen Entwicklung der Heranwachsenden entspricht und ihre Fähigkeiten fördern kann. Genauso wichtig wie die Beachtung des Lebensalters ist die Beachtung des Lernalters[38], überspitzt formuliert: Wenn der Lerngegenstand den Interessen und Fähigkeiten der Schüler entsprechend elementarisiert wird und Schüler immer wieder Gelegenheit haben, ihre Fähigkeiten daran zu entwickeln, sind unter Umständen Grundschüler in der Lage, Denkoperationen zu vollziehen, die manchen Erwachsenen schwerfallen. Diese Elementarisierung habe ich durch den Vergleich von Unterrichtsbeispielen mit dem wissenschaftlichen Vorgehen zu zeigen versucht.

Nun zu den Maximen:

1. Historisches Lernen muß das eigene Erleben und die Perspektivität der Lernenden einbeziehen. Das reicht vom Nachvollzug alter Arbeitsvorgänge wie beim Waschen in unserem Beispiel über das Nachvollziehen des historischen Verfahrens bei eigenen kleinen "Forschungen" (z.B. Befragungen, Besuche im Ortsarchiv) bis zur Einübung in reflexives Denken, das sich auf Gefühle, Vorstellungen

und Erfahrungshintergrund der Lernenden selber richtet. (Z.B. auf die historischen Ursachen auch für die eigene Sauberkeitsvorstellung oder Thomas' Empfindung, als er zum Interview mit seiner Großmutter ging.)

2. Ein Stil des Umgangs von Lehrenden und Lernenden, der die Erfahrung vermittelt, akzeptiert zu sein und auch bei ungeschützten Äußerungen sich nicht bloßzustellen, ist eine Voraussetzung, besonders für die Einübung in reflexives Denken. Weitere Voraussetzungen sind, in solchen Momenten keinen Zeitdruck aufkommen zu lassen und absolute Freiwilligkeit. Reflexives Denken kann nicht eingefordert werden. Lehrende können nur Gelegenheiten mit Aufforderungscharakter und eine Atmosphäre der Nachdenklichkeit schaffen und abwarten.

3. Historisches Lernen muß Selbständigkeit fördern, die mit dem Formulieren von Fragen beginnt und über die selbständige Durchführung kleinerer oder größerer Projekte bis zur Beteiligung von Schülern an der Auswahl der Themen und an Überlegungen zum Verlauf des Unterrichts führen kann. Das ist nicht in einer Unterrichtseinheit und nicht immer in einem Jahr zu erreichen. Als Lehrer muß ich aber wissen, worauf ich hinaus will und welche "Lernschritte" zum Ziel führen.

4. Schülerinteressen wie Interessen Erwachsener sind nicht statisch. Sie verändern sich und können verändert werden. Selbstverständlich sind die vorhandenen Interessen ernst zu nehmen. Im Lernprozeß verändert sich der Erfahrungshorizont, und das kann eine Veränderung und Weiterentwicklung der Interessen zur Folge haben. So kann in unserem Beispiel am Anfang der Versuch reizen, einmal nach alter Art zu waschen. Das anschließende Nachdenken über den Zusammenhang der damaligen Lebensbedingungen mit Sauberkeitsvorstellungen kann den Anstoß geben, das auch einmal für andere Normen zu untersuchen.

5. Wenn es nicht gelingt, Freude an Geschichte, eine Neugier, die sich auf die Vergangenheit, das Andere, das Fremde in ihr richtet, zu fördern, sind alle anderen Mühen umsonst. Die Ursachen für diese Motivation können sehr verschieden sein: Ein historisches Thema kann reizen, sich mit ihm zu beschäftigen, die Arbeitsweise (z.B.

Zeitzeugen selbst befragen) kann motivieren oder auch die Möglichkeit, mit anderen etwas gemeinsam zu tun. Bei den Unterrichtsversuchen zur Nachkriegszeit bewirkten das Thema und das Verfahren, besonders die Befragungen, eine Motivation, die dazu führte, sich über den Unterricht hinaus damit zu beschäftigen - bei Grundschülern und bei Gymnasiasten.

6. Geschichte ist nicht anschaulich. Auch wo wir einen anschaulichen Überrest wie das Waschhaus neben dem Schloß haben, sagt der noch nichts über die historische Zeit aus. Den Zusammenhang von Lebensbedingungen und Erleben der damaligen Menschen müssen wir uns erarbeiten, wobei von unserer Fragestellung - und natürlich vom vorhandenen Material - abhängt, was wir von dem Zusammenhang erfassen. Je jünger Schüler sind, um so wichtiger ist es deshalb, möglichst viele Wege zur Veranschaulichung zu nutzen. Das beginnt mit dem Nachvollzug von Tätigkeiten wie bei der großen Wäsche. Eine besondere Möglichkeit auch für ältere Schüler und Erwachsene sind alle Formen graphischer Darstellung. Veranschaulichung durch eigenes Erleben bietet der Vergleich der Perspektivität damaliger Menschen mit der eigenen Perspektivität, in unserem Unterrichtsbeispiel der Vergleich der Sauberkeitsvorstellungen und ihrer Ursachen. Eine Möglichkeit der Veranschaulichung, die bei jüngeren Schülern oft genutzt wird, ist das Rollenspiel. Allerdings fördert es nur historisches Lernen, wenn das Spiel anschließend sorgfältig analysiert wird: Was war in der Vergangenheit bestimmt so, wie es gespielt wurde? Was könnte so gewesen sein? Was war sicher nicht so, weil die Spieler da ihre heutigen Vorstellungen auf die Vergangenheit übertragen haben?

7. Nicht in jeder Unterrichtseinheit kann alles berücksichtigt werden, was hier für historisches Lernen gefordert wurde. In jeder Unterrichtseinheit sollte jedoch zumindest etwas davon vorhanden sein. Im Geschichtsunterricht müssen Phasen, in denen wir uns Zeit lassen, wechseln mit Phasen gestraffter Information (durch Lehrervortrag oder Geschichtsbuch), aber auch dabei können Elemente des historischen Verfahrens für Schüler erkennbar werden. So ist es z.B. denkbar, daß bei einem Vortrag die Lehrerin oder der Lehrer nicht nur einen historischen Vorgang mit Ursachen und Folgen für die

Menschen darstellt, sondern auch erklärt, welche Fragestellung zu der eigenen Darstellung geführt hat, oder daß im Lehrervortrag zwei unterschiedliche historiographische Positionen erläutert werden, um die Perspektiven der beiden Historiker zu vergleichen.

5. Didaktische Reduktion oder Elementarisieren

Zu diesem Punkt ist nicht mehr viel zu erklären. Alles, was ich hier zu Geschichte, historischer Zeit und - andeutungsweise - zum 18. Jahrhundert und zur Zeit nach 1945 vorgetragen habe, ist eine in didaktischer Absicht vorgenommene Reduktion sehr schwierig zu erfassender komplexer Zusammenhänge mit dem Ziel, Elemente herauszuarbeiten, die meiner Meinung nach für das Verständnis grundlegend sind. Nichts anderes bedeutet didaktische Reduktion für den Geschichtsunterricht. Ich muß mich als Lehrer bei der Planung für ein Jahr oder für eine Unterrichtseinheit fragen: Was möchte ich erreichen? Welche Elemente sind dafür grundlegend? Wie kann ich die komplexen Zusammenhänge für Schüler dieser Altersstufe mit diesen Lernvoraussetzungen so reduzieren, daß sie diese Erfahrungen machen und zu diesen Einsichten gelangen können?

Um historische Zusammenhänge angemessen reduzieren zu können, sind zwei Voraussetzungen erforderlich:
• fachliche Kompetenz, d.h. Kenntnis des Sachverhalts und ein Verständnis dessen, was "Geschichte" ist,
• didaktische Kompetenz, d.h. Kenntnis der Kriterien für eine didaktische Reduktion und Übung im Reduzieren.

Fehlt die fachliche Kompetenz, besteht die Gefahr, Geschichte zu verfälschen und historisches Lernen zu verfehlen. Fehlt die didaktische Kompetenz, besteht die Gefahr, in der fachlichen Komplexität stecken zu bleiben und die Lernenden zu überfordern oder im Geschichtsunterricht den persönlichen Vorlieben zu folgen und auch so den Gesamtzusammenhang historischen Lernens zu verfehlen. Fach- und Didaktikstudium tragen also zur Entwicklung der Kompetenz zur didaktischen Reduktion bei.

Ich habe vom Geschichtsverständnis ausgehend an Unterrichtsbeispielen Ziele für das historische Lernen aufgezeigt, die als Kriterien für die didaktische Reduktion dienen können. Damit habe ich zugleich Beispiele für die Konkretisierung dieser Ziele gebracht. Es bleibt eine ständige Aufgabe für die Unterrichtsplanung, weitere Möglichkeiten der Konkretisierung zu identifizieren. Eine Hilfe dabei ist sich zu überlegen, welche Fähigkeiten im Detail erforderlich sind, anders ausgedrückt, welche "Lernschritte" zu diesen Zielen führen können.

C   Anregungen für die Unterrichtsplanung

1. Zum Verfahren

Die Lernzieldiskussion der 60er und 70er Jahre hat gezeigt, daß es nicht ausreicht, hohe Ziele für ein Unterrichtsfach zu formulieren und sich dann der Stoffvermittlung in der Hoffnung zuzuwenden, diese Ziele würden schon erreicht werden. Damals wurden ausgeklügelte Lernzielhierarchien entwickelt. Deren Brauchbarkeit für den Geschichtsunterricht wurde jedoch zu Recht als sehr problematisch angesehen. Ich halte ein pragmatisches Verfahren für besser: von den zentralen Kategorien (Elementen oder Zielen) ausgehend sich "Lernschritte" zu überlegen, durch die historisches Lernen gefördert werden kann. Sie sind zielgerichtet - hier aber nicht als Ziele, sondern als Tätigkeiten formuliert. Das hat seinen Grund: Sie zielen auf Fähigkeiten, die nur allmählich entwickelt werden können, nicht ein für alle Mal erlernt und dann "beherrscht" werden. Sie müssen sogar immer neu geübt werden, weil sie "unbequem" sind.[39] Manchmal können wir als Lehrer Fortschritte erkennen, oft nur begründet vermuten. Im folgenden wird das Verfahren der Identifikation von Lernschritten dargestellt. Dabei werde ich erst, von den mit der zentralen Kategorie "Zeit" verbundenen historischen Spezifika ausgehend, einige Lernschritte als Beispiele nennen. Danach werde ich die Suche nach Lernschritten ausführlicher - aber nicht mit dem Anspruch auf Vollständigkeit - zeigen, indem ich die Elemente der Verlaufsskizze wissenschaftlicher Erkenntnis als Ordnungsschema nehme und zeige, durch welche Tätigkeiten dieses historische Lernen gefördert werden kann.

2. Beispiel "Zeit"

Ich habe zwischen physikalischer und historischer Zeit unterschieden. Die physikalische Zeit ist ein notwendiges Hilfsmittel für das Erfassen historischer Zeit. Zunächst ist nach den **Voraussetzungen** für das Verständnis physikalischer Zeit zu fragen, bei der es um zeitliche Dauer und Ordnung geht. Zu ihnen gehörten: Zeit messen können (Dauer), früher - später erkennen und in der Erinnerung sich bewußt machen können (Ordnung).

Tätigkeiten zur Förderung dieser Voraussetzungen sind: Zeitlängen messen und vergleichen, "früher - später" oder "vor - nach" anwenden, Bewegungsabläufe zeitlich ordnen, die eigene Lebensgeschichte erzählen und zeitlich ordnen, Geschichten zeitlich ordnen.

Historische Zeit hatte ich definiert als das Gesamt der speziellen Lebensbedingungen und des Erlebens der Menschen einer Zeit. Wir nähern uns ihr erklärend, d.h. mit der Frage nach den Bedingungen und deren Veränderung, und verstehend, d.h. mit der Frage nach dem Erleben der Menschen dieser Zeit. **Voraussetzungen** für das Erfassen historischer Zeit sind: Ursachen und Wirkungen erkennen können, Zusammenhänge von Ursachen (Multikausalität und Interdependenz) erkennen können, Verstehen als Annäherungsprozeß in Wechselwirkung von Einfühlen und Informationserarbeitung begreifen können. Während Tätigkeiten zur Förderung des Verständnisses von physikalischer Zeit am Ende der Grundschulzeit nicht mehr geübt zu werden brauchen, geht es hier um Tätigkeiten, die zwar größtenteils von der Grundschule an eingeübt werden, sich aber mit dem Lernalter[40] im Schwierigkeitsgrad steigern können.

Tätigkeiten, die die Fähigkeit zu erklären fördern, sind:

- Veränderungen in der eigenen Umgebung beobachten, beschreiben und nach Ursachen dafür fragen
- das gleiche bei Veränderungen in der Vergangenheit tun
- Vermutungen über Ursachen anstellen (Hypothesen) und überprüfen

- Ursachen nach Kategorien ordnen (d.h. übertragbare Fragerichtungen erarbeiten, z.B. soziale, ökonomische, rechtliche oder kulturell-mentale Ursachen).

Verstehen zielt auf den psychischen Aspekt der historischen Zeit. Deshalb ist es hier noch wichtiger als beim Erklären, bei den eigenen Erfahrungen der Lernenden anzusetzen.

Tätigkeiten, die die Fähigkeit zu verstehen fördern:
- eigene Erlebnisse genau beschreiben und dabei erlebte Gefühle benennen
- eigenes Erleben mit dem anderer (Freunde, Großeltern usw.) vergleichen
- Prägung des Erlebens durch äußere Faktoren (Lebensbedingungen) und durch innere Faktoren (z.B. frühere Erfahrungen, Wertvorstellungen) erkennen
- unterschiedliches Erleben derselben Situation beschreiben (in der eigenen Lerngruppe, aber auch bei Menschen der Vergangenheit),
- Grenzen des Verstehens benennen.

3. Beispiel "Verlaufsskizze wissenschaftlicher Erkenntnis"

Weitaus differenzierter und damit brauchbarer für die Unterrichtspraxis lassen sich Lernschritte mit Hilfe der Verlaufsskizze historischer Erkenntnis identifizieren. Das Schaubild auf S. 39 zeigt - wie gesagt - einen idealtypischen Verlauf, der auf die logische Abfolge verweist. In der Realität der Forschung wird die Reihenfolge immer wieder durchbrochen. Deshalb ist es besser, von fünf Elementen (Bezugsrahmen, Fragestellung, Methodenfindung, Erarbeitung, Ergebnis) zu sprechen als von Phasen im Erkenntnisprozeß. **Auch im Unterricht muß nicht bei jedem Vorhaben die Reihenfolge strikt eingehalten werden. Zudem können einzelne Elemente jeweils besonders akzentuiert werden, vielleicht auch nur einzelne Lernschritte.** Wichtig ist jedoch, daß die Lernenden,

Schüler oder auch Erwachsene, z.B. in Volkshochschulkursen, möglichst frühzeitig und kontinuierlich an die Einsicht in die Bedeutung der Fragestellung und der Methode für historische Erkenntnis herangeführt werden. Diese Erfahrung ist die Vorausetzung für ein angemessenes Verständnis historischer Objektivität. Sie ist **eine** Voraussetzung für die Entwicklung der Fähigkeit, sich über Geschichte zu verständigen.

"Heranführen" - diesen Ausdruck habe ich gewählt, um auf zwei Aspekte aufmerksam zu machen.

- Die Entwicklung der Fähigkeit, sich über Geschichte zu verständigen, ist eine Kulturleistung, die sich nicht von selber einstellt. Die Aufforderung, einer historischen Perspektive Existenzberechtigung zuzugestehen, die von Wertungen bestimmt wird, die den eigenen Wertungen widersprechen, weckt in der Regel zunächst einen elementaren, meist emotional besetzten Widerstand. Zu den Grundlagen unserer Demokratie gehört aber die Fähigkeit, darüber in ein "Gespräch" eintreten zu können, d.h., die Konkurrenz von historischen Perspektiven zuzulassen und den Diskurs zwischen ihnen zu ermöglichen. In diesem Diskurs ist immer wieder neu zu klären, ob die jeweiligen Perspektiven den beiden Kriterien historischer Objektivität genügen. Nur wenn sie empirisch legitimiert, also wissenschaftlich richtig sind und wenn die sie bestimmenden Werte und politischen Zielvorstellungen den im Grundgesetz kodifizierten Grundrechten nicht widersprechen, ist die "objektive Basis" für den Diskurs gegeben. (Eine historische Perspektive, aus der heraus von der "Auschwitz-Lüge" gesprochen werden kann, genügt keinem der beiden Kriterien.)

- Zur "subjektiven Basis", d.h. zur Bereitschaft, sich auf diesen Diskurs einzulassen, kann der Geschichtsunterricht nur einen Beitrag u.a. leisten, da hier auch psychische Faktoren eine Rolle spielen, die durch Unterricht nur wenig - wenn überhaupt - beeinflußt werden können. Diesen begrenzten Beitrag kann Geschichtsunterricht nur leisten, wenn die Schüler in einem langfristig angelegten Lernprozeß gezielt gefördert werden. Das wiederum wird nur geschehen können, wenn die Unterrichtenden sich um die Identifizierung von Schritten auf dieses Ziel hin bemühen.

a) Verfahren bei der Identifikation von "Lernschritten"

Ich bin von den fünf Elementen des historischen Erkenntnisprozesses ausgegangen und habe in einem ersten Schritt nach den von ihnen abzuleitenden Zielen für historisches Lernen gefragt, die ich als zu entwickelnde Fähigkeiten formuliert habe. Daran schloß sich die Suche nach Tätigkeiten an, die die Entwicklung der betreffenden Fähigkeiten fördern können (s. Schaubild 4, S. 78).

Ich habe die Reihenfolge der Skizze vom Bezugsrahmen bis zu den Ergebnissen beibehalten, was nicht bedeutet - um es noch einmal zu betonen - daß das Lernen einer Unterrichtseinheit in dieser Abfolge voranschreiten muß. Die Beschäftigung mit dem Phänomen "Bezugsrahmen" zum Beispiel wird manchmal gar nicht möglich sein und oft erst am Ende der Einheit oder bei der Arbeit am Material. Das Element "Fragen" wird in jeder Phase einer Unterrichtseinheit vorkommen. Darauf verweisen auch Überschneidungen. **Tätigkeiten, die schon in der Grundschule geübt werden können, sind mit (G) gekennzeichnet.** Generell gilt, daß die Tätigkeiten möglichst früh elementar geübt werden sollen, um von dem einfachen Vollzug zu differenzierteren Formen zu gelangen. Wenige der hier aufgeführten Übungen dürften ausschließlich für Schüler der Sekundarstufe II geeignet sein. (Dazu gehört z.B. die Untersuchung von Perspektiven bei Historikertexten.) Auch bedeutet die Reihenfolge der Tätigkeiten keine Abfolge im Lernprozeß.

Ein Wort zu Auswahl und Funktion der Tätigkeiten: Die von den Elementen abgeleiteten Fähigkeiten sind hochkomplex. Vielleicht könnte es Lernpsychologen gelingen, ein vollständiges System der Voraussetzungen für diese Fähigkeiten zu erstellen, obwohl ich das bezweifle. Aber auch dann wüßten wir als Lehrer noch nicht, worauf bei konkreten Schülern im Detail zu achten wäre. **Die folgende Zusammenstellung ist** nur insoweit systematisch angelegt, als sie sich an den Elementen der Verlaufsskizze orientiert. Innerhalb dieser Ordnung ist sie aus einer "pädagogisch infor-

1. Elemente des historischen Erkenntnisprozesses	Bezugsrahmen	Fragen	Methodenfindung	Erarbeitung	Ergebnisse
2. davon abzuleitende Ziele für historisches Lernen (= zu entwickelnde Fähigkeiten)	• Einflüsse auf die Perspektive von Menschen der Vergangenheit erkennen können • Einflüsse auf Fragen an die Vergangenheit und auf die Beurteilung der Vergangenheit erkennen können	Fragestellung erarbeiten, Hypothesen formulieren können	über angemessene Methode entscheiden können	Informationen erarbeiten können	• Arbeitsergebnisse darstellen können • Arbeitsergebnisse auf die Ausgangsfragen und Vermutungen beziehen können • das Erkannte beurteilen können
3. zu identifizierende Tätigkeiten		Tätigkeiten			→

Schaubild 4

mierten Willkür" heraus entstanden und **als Anregung gedacht, in dieser Richtung selber weiterzusuchen.** Die aufgeführten Tätigkeiten können zur Entwicklung der komplexeren Fähigkeiten beitragen. Bei vielen dürfte unmittelbar einsichtig sein, daß sie nicht nur im Geschichtsunterricht geübt werden können. Eine solche Zusammenstellung kann bei der Planung von Unterricht helfen und den Gegebenheiten der Lerngruppe entsprechend verändert oder erweitert werden.

Die Darstellung orientiert sich also an den fünf Elementen der Verlaufsskizze wissenschaftlicher Erkenntnis und ist jeweils zweigeteilt. Didaktischen Anmerkungen über Ziele und Probleme folgen unterrichtsmethodische Hinweise. Diese beziehen sich auf das Vorgehen beim Aufspüren von "Lernschritten", d.h. von Tätigkeiten, die geübt werden müssen, wenn die Fähigkeiten entwickelt werden sollen.

b) Bezugsrahmen

Der Bezugsrahmen ist eine Sammelkategorie für Faktoren, die unsere Wahrnehmung bzw. die Fragestellung beeinflussen. Er ist als analytische Kategorie, d.h. als "Suchhilfe" für diese Faktoren gedacht. Sie sind beim historischen Lernen von Interesse als Erkenntnisgegenstand in der Vergangenheit (Perspektive der damals Lebenden) und als Erkenntnisgegenstand in der Gegenwart (Perspektive beim Umgang mit der Vergangenheit: bei Schülern, bei Zeitzeugen, bei Historikern). Deshalb kann die zu entwickelnde Fähigkeit in zwei Variationen formuliert werden:

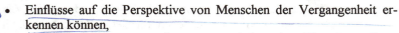

- Einflüsse auf die Perspektive von Menschen der Vergangenheit erkennen können,
- Einflüsse auf Fragen an die Vergangenheit und auf ihre Beurteilung erkennen können.

Didaktische Anmerkungen

Bei der Förderung dieser Fähigkeit stehen wir vor größeren Schwierigkeiten als bei den anderen. Das hat vier Gründe:

- Sieht man von offensichtlichen Faktoren des Bezugsrahmens wie den materiellen Lebensbedingungen ab, so sind sie in der Regel schwer zu erkennen, oft nur indirekt zu erschließen.

- Wir können die Faktoren des Bezugsrahmens eines Menschen nie vollständig erfassen und bei ihrer Gewichtung, d.h. beim Erkennen der Bedeutung der einzelnen Faktoren im Bezugsrahmen eines Menschen und ihrer wechselseitigen Beeinflussung, kommen wir in der Regel nicht über das Stadium begründeter Vermutungen hinaus.

- Welche Faktoren eines Bezugsrahmens wir erkennen und wie wir sie gewichten, hängt nicht nur von der Quellenlage ab, sondern auch von unserer Fragestellung. Auch bei exzellenter Quellenlage erfassen wir also nie den Bezugsrahmen eines Menschen, "wie er ist".

- Wenn es um das Erfassen des eigenen Bezugsrahmens, also um reflexives Denken, geht, kommen zu den genannten Schwierigkeiten gerade hier oft die bereits angesprochenen psychischen Sperren.

Diese Erkenntnisproblematik könnte die Folgerung nahelegen, das Element Bezugsrahmen aus dem Zielekatalog herauszunehmen - was oft genug auch geschieht. Hier geht es um den heikelsten und zugleich zentralen Aspekt bei der Förderung der oben skizzierten Diskursfähigkeit. Was ist zu tun?

Ziel kann, wie gesagt, nicht sein, die Einflüsse auf Fragestellung und Beurteilung vollständig und "objektiv", d.h. unabhängig vom Betrachter, zu erfassen. Das bedeutet aber andererseits nicht, daß hier auf das Kriterium empirischer Sorgfalt verzichtet werden dürfte. Aussagen über den Bezugsrahmen eines Historikers, eines Zeitzeugen - wie übrigens auch beim Erfassen der Perspektiven von Menschen der Vergangenheit - sind zu belegen. Um sich den empirischen Gehalt deutlich zu machen, sollten Schüler von Anfang an zu unterscheiden lernen, ob es sich um belegte Aussagen oder um begründete Vermutungen handelt, und Grenzen der Erkenntnismöglichkeit benennen. So kann sich eine Sensibilität für Einflüsse auf Fragen an die Vergangenheit und auf die Beurteilung von Geschichte entwickeln, aber auch Sensibilität für die Bedeutung solcher Faktoren für die Wahrnehmung der jeweiligen Gegenwart, bei uns selber wie bei Menschen der Vergangenheit. Möglichkeiten und Grenzen der Aussagen über einen Bezugsrahmen können an folgendem Beispiel gezeigt werden.

"Aus einer Rede des nordrhein-westfälischen Arbeitsministers im November 1946:
Q(uelle) Zwei Probleme beschäftigen uns heute ganz besonders: einmal die noch immer nicht erfolgte Angliederung des Frauenlohns an den Männerlohn für die gleiche Arbeit, eine durch nichts zu rechtfertigende Tatsache; zweitens das Problem Frauenarbeit überhaupt.
Die Zahl der in diesem Kriege aus Rheinland und Westfalen auf dem Schlachtfeld verbliebenen Männer beträgt für jedes Land 300.000. Mithin können aus diesen beiden Ländern 600.000 Frauen nicht mehr heiraten. Sie müssen aber versorgt werden. Der Staat allein kann sie nicht unterstützen. Also müssen die Frauen arbeiten. Wir müssen nun nach Einsatzmöglichkeiten für die Frau suchen. Anstelle des Zwanges zur Arbeit tritt für die Frau ihr Recht auf Arbeit. Dieses Problem müssen wir lösen.
Der für die nächsten Jahre unerschöpfliche Arbeitsmarkt in Deutschland ist der Baumarkt. Alle anderen Wirtschaftszweige sind beeinträchtigt. Es liegt auf der Hand, daß alle interessierten Stellen sich mit der Frage des Arbeitseinsatzes der Frau im Baugewerbe beschäftigen...Die von allen Seiten hierin gemachten Proteste gegen Frauenarbeit im Baugewerbe sind mittlerweile verstummt, weil man zu der Überzeugung kommt, daß die Frau eingesetzt werden muß. Wir müssen und werden von behördlicher Seite alles tun, um die Frau unter keinen Umständen auch nur im

geringsten gesundheitlichen Schaden erleiden zu lassen. Man muß der Frau Aufgaben zuweisen, an denen sie wachsen kann und ein Mitbestimmungsrecht habe. Ich bin überzeugt, daß jede Frau die ihr zugewiesene Arbeit mit Energie annehmen wird, wenn es gilt, aus diesem Trümmerhaufen ein neues, demokratisches Deutschland aufzubauen. Frauen in der Nachkriegszeit, hrsg. v. A. Kuhn, Bd. 1: D. Schubert, Frauenarbeit 1945-1949, Düsseldorf 1984, S. 258. "41

Der Text wurde so aus einem Geschichtsbuch übernommen. Die Kapitelüberschrift heißt "Frauen in Deutschland seit 1945. Verwirklichte Gleichberechtigung?". Eine Studentin las den Text und sagte spontan: "Das ist ein Hammer!" Sie glaubte, hier eine Sicht der Gleichberechtigung zu erkennen, die der ihren fundamental widersprach. Das wurde im Seminar zunächst herausgearbeitet. Mit der Kapitelüberschrift und dem inneren Engagement der Studentin war das Erkenntnisinteresse vorgegeben, von dem aus sie nun fragen konnte: "Wie sah dieser Mann das Problem der Gleichberechtigung der Frau? Wovon wurde seine Perspektive beeinflußt?"
Zunächst läßt sich das aus seiner Situationsbeschreibung (Frauenüberschuß, der Staat kann sie nicht versorgen, Notwendigkeit des Wiederaufbaus, Arbeitskräftemangel) und aus seinen Forderungen (keine gesundheitliche Schädigung, gleicher Lohn für gleiche Arbeit) erkennen. Allerdings stoßen wir da an eine Erkenntnisgrenze: Im Geschichtsbuch ist nicht vermerkt, bei welcher Gelegenheit, vor welchem Publikum er die Rede gehalten hat. Das ist keine absolute Erkenntnisgrenze, aber Informationsmängel dieser Art sind bei der Arbeitsbelastung der Lehrer im Geschichtsunterricht nicht immer zu vermeiden. Wenn Schüler lernen, sie zu erkennen und zu benennen, können sie für historisches Lernen fruchtbar sein.

So läßt sich auf einer ersten Ebene belegen, daß die im Text erkennbare Perspektive von der materiellen Situation im Jahre 1946 in Nordrhein-Westfalen beeinflußt wurde und von einer Gerechtig-

keitsvorstellung. Aber nicht das hatte die Studentin so geärgert, sondern die Begründung der Gleichberechtigung, die sie hinter diesen Aussagen zu erkennen glaubte: die Forderung nach Gleichberechtigung der Frau aus Nützlichkeitserwägungen und nicht, weil sie ein Grundrecht ist und unabhängig von der materiellen Situation verwirklicht werden soll. In der Tat ist - auf einer zweien Ebene - diese Position bei dem Autor zu vermuten. Der Text, aber auch Kenntnis des "Klimas" in dieser Frage nach 1945 sprechen dafür. Man denke nur an Elisabeth Selberts Kampf um den Art. 3 des Grundgesetzes im Parlamentarischen Rat. Insofern handelt es sich hier um eine begründete Vermutung.

Aber - wie sicher können wir sein, daß das nun wirklich die Position des Ministers zur Gleichberechtigung war? Denkbar ist auch, daß er selber die gleiche Einstellung wie die Studentin in meinem Seminar hatte, aber wußte, daß er anders argumentieren mußte, wenn er vor diesem Publikum erfolgreich für sein Programm werben wollte. Auf dieser - dritten - Ebene können wir keine Aussage machen, so lange wir nicht z.B. ein Tagebuch des Mannes haben, das aber auch quellenkritisch zu prüfen wäre.

Für Schüler ist es wichtig, zwischen der aus dem Text belegbaren Argumentation und der begründet zu vermutenden Einstellung zu unterscheiden und zu erkennen, daß wir damit noch keine definitve Aussage darüber machen können, was dieser individuelle Mensch zu dieser Zeit über die Gleichberechtigung der Frau dachte und wo sie in seiner Wertehierarchie rangierte. - Ist deshalb das Bemühen, den Bezugsrahmen zu erfassen, eine nutzlose geistige Spielerei? Ich meine nicht. Es erlaubt eine Annäherung an Fremdes, an andere Menschen, mögen sie unsere Zeitgenossen sein oder in der Vergangenheit gelebt haben. Es ermöglicht bei dieser Annäherung, empirisch erfaßbare Daten sorgfältig zu berücksichtigen, unsere "Phantasien" über den anderen zu korrigieren oder - wo sie nicht überprüft werden können - sie als reine Vorstellungen zu erkennen. Und last but not at all least bahnt es die Erkenntnis an, daß wir uns dem Anderen nähern, ihn aber nie ganz ausloten können. Kurz gesagt: Es fördert die Fähigkeit zum Verstehen.

Das Beispiel zeigt nun aber auch, daß die Sache nicht einfach ist. Die Quelle ist aus einem Buch für das 9. und 10. Schuljahr entnommen, und auch da dürfte diese Art der Interpretation nicht in jeder Klasse möglich sein. In dieser Richtung begabte Schüler können auch bei einem Unterricht, der diesem Aspekt historischen Lernens keine besondere Aufmerksamkeit widmet, zu solchen Einsichten gelangen. Ich meine aber, es ist unsere Aufgabe als Lehrer, möglichst viele Schüler in dieser Richtung zu fördern. Nicht jeder Schüler wird den gleichen kognitiven Standard erreichen. Die Sensibilität für diesen Aspekt historischer Erkenntnis kann aber bei allen gefördert werden, eben wenn es gelingt, "Lernschritte" zu identifizieren.

Unterrichtsmethodische Hinweise

Wie bei den Elementen "Fragen" und "Ergebnisse" ist beim Bezugsrahmen, hier aber in besonderem Maße, die Wechselwirkung zwischen dem Lerngegenstand und dem Lernenden selber zu beachten. Die Einsicht in den Zusammenhang von Fragestellung und Beurteilungen mit - zum Beispiel - äußeren Lebensbedingungen, politischen Einstellungen und Werten bei Menschen der Vergangenheit kann für diesen Zusammenhang bei mir selber sensibilisieren und umgekehrt.

Übungsmöglichkeiten:

* eigenes Erleben reflektieren
* bei gegenwärtigen Ereignissen
* bei Zeugnissen und Vorgängen aus der Vergangenheit
d.h.: Schüler erhalten Gelegenheit eigene Gedanken und Gefühle und auszusprechen und zu überlegen, wodurch diese wohl beeinflußt sind (G).

Es beginnt damit, daß Schüler über ihr Erleben berichten, über unterschiedliches Erleben nachdenken und nach Ursachen für die Unterschiede fragen. Dieses Berichten braucht im allgemeinen bei Grundschülern nicht provoziert zu werden. Sie sprudeln bei jeder Gelegenheit von alleine los.

Das ist bei Schülern der Sekundarstufe I bald nicht mehr so. Obwohl mit Einsetzen der Pubertät sicher die kindliche Unbefangenheit verschwindet, dürfte das Verstummen zu einem guten Teil Ergebnis eines Unterrichts sein, in dem die Jugendlichen und ihr Erleben kaum vorkommen, weil schließlich "objektive Sachverhalte" Gegenstand des Unterrichts sind.

Hier wären an den unterschiedlichsten Stellen des Unterrichts Gelegenheiten zu planen oder im Unterricht zu ergreifen, die zum Berichten über eigenes Erleben anregen. Der Vergleich unterschiedlichen Erlebens und seiner Ursachen stellt sich allerdings nicht spontan ein. Er muß bewußt gefördert werden, von ersten Ansätzen und Vermutungen in der Grundschule (Wie erleben wir, die türkischen Kinder, die Nachricht von einem Brandanschlag auf ein von Türken bewohntes Haus? Wie erleben wir, die deutschen Kinder, dasselbe Ereignis?) bis zu differenzierteren Überlegungen in der Sekundarstufe II.

Thomas (4. Schuljahr) vergleicht auf dem Weg zum Interview mit seiner Oma über die Nachkriegszeit die eigene Freude über das schöne Wetter mit dem, was die Menschen damals wohl empfunden haben mögen.

Die Viertklässler vergleichen die Wohnsituation in der Kellerwohnung einer zerstörten Stadt mit der eigenen und stellen Vermutungen über das unterschiedliche Erleben und dessen Ursachen an.[42]

- Eigenes Erkenntnisinteresse reflektieren

Schüler überlegen bei der Vorbereitung einer Unterrichtseinheit, was sie herausfinden wollen und warum sie das interessiert. (G)

- Maßstäbe für die eigene Beurteilung reflektieren

Schüler einer 10. Gymnasialklasse überlegen, wie sie den 8. Mai 1945 sehen: Tag der Befreiung, der Niederlage, des Zusammenbruchts? Fazit: Es war eine Befreiung, weil ein Sieg der Nationalsozialisten schlecht für das eigene Volk gewesen wäre. Auf die

Frage: "Wenn wir einen Neonazi fragten, erhielten wir vermutlich eine ganz andere Antwort. Welche Ursachen könnten zu dem Unterschied in der Beurteilung führen?" kamen als Antworten: "Die Neonazis sehen nicht die Nachteile eines deutschen Sieges. Sie sehen nur, daß Deutschland groß und mächtig geworden wäre. Wir haben in den letzten Jahrzehnten gute Erfahrungen gemacht, uns ging es wirtschaftlich gut. Wir sind von den Massenmedien beeinflußt worden. Wir sind gewohnt, zu Ausländern und Juden Kontakt zu haben."[43]

- "Vorannahmen" (Wertungen, diffuse Vorstellungen und Theorien über den Geschichtsverlauf) in wissenschaftlichen und "alltäglichen" historischen Darstellungen und Beurteilungen erkennen

Eine Schülerin des 10. Schuljahrs berichtet von dem Gespräch mit ihrem Großvater, der im Krieg Berufsoffizier war. Dieser hatte betont, das Kriegsende sei keine "Kapitulation" gewesen, man habe aufgegeben. Die Klasse überlegte, warum ihm diese Unterscheidung so wichtig war: "Er lehnte der Begriff 'Kapitulation' ab, weil er den Krieg für gerechtfertigt hielt. Er war Soldat und liebte seinen Job. Er wollte als Berufssoldat siegen und Erfolg haben, deshalb konnte er nicht zugeben, daß es eine Kapitulation war." Als Fazit wurde festgehalten, daß die Soldatenehre vermutlich noch heute ein hoher Wert für ihn ist. Die Lehrerin unterschied an der Tafel dann, was aus dem Interview belegt worden war und was begründet vermutet werden konnte.[44]

In der Klausur nach einer Unterrichtseinheit über die Wiederbewaffnung in Westdeutschland in den 50er Jahren in einem Leistungskurs des 13. Jahrgangs waren zwei Textauszüge zur Politik Adenauers zu untersuchen. Der eine stammte von Golo Mann aus dem Jahre 1958, der andere von Heinrich Jaenecke aus dem Jahre 1974. Ein Schüler arbeitete die unterschiedlichen Beurteilungen heraus, nahm zu ihnen Stellung und stellte Zusammenhänge zur jeweiligen politischen Situation her.[45]

- explizite und implizite Zielsetzungen bei Schulgeschichtsbüchern zu erkennen suchen

- über Zielsetzungen des eigenen Geschichtsunterrichts sprechen

c) Fragen

zu entwickelnde Fähigkeit: Fragestellungen erarbeiten, Hypothesen formulieren können.

Didaktische Anmerkungen

Für unser Geschichtsverständnis ist entscheidend, ob wir lernen, uns der Vergangenheit fragend zu nähern, ober ob Geschichte etwas fraglos zu Lernendes ist. Die Vergangenheit "erzählt" nicht von selber. Zu erkennen und selber zu erfahren, daß Geschichte immer von Fragen an die Vergangenheit ausgeht, muß deshalb ein zentrales Ziel historischen Lernens sein. Es wäre eine Illusion anzunehmen, daß man im schulischen Geschichtsunterricht oder in Volkshochschulkursen bei jedem Thema von Fragen der Lernenden ausgehen könne. Es ist jedoch möglich:

- Die Fähigkeit zu fördern, selber Fragen zu stellen, und
- den Zusammenhang von Fragen und Geschichte auch dann aufzuzeigen, wenn der Unterricht nicht von Fragen der Schüler ausgeht.

Dabei geht es

erstens um die Einsicht in die Notwendigkeit einer empirischen Begründung der Antwort. Mit der Frage ist in der Regel eine Vermutung verbunden. Zentral für wissenschaftsorientiertes Lernen ist die Einsicht, daß die Vermutung (Hypothese) uns zwar plausibel erscheinen mag, jedoch an Quellen (im Unterricht auch an Fachliteratur, die sich auf Forschungsergebnisse stützt) überprüft werden muß, wenn wir nicht die vergangene Wirklichkeit verfehlen wollen. Was uns plausibel erscheint, mag für Menschen anderer Zeiten alles andere als das gewesen sein. Gerade diese Erfahrung kann historische Phantasie fördern;[46]

zweitens um die Einsicht in den Prozeßcharakter unseres Fragens. Am intensivsten kann bei möglichst selbständigem Arbeiten die Erfahrung gemacht werden, daß Fragen ein Prozeß ist: von sehr allgemeinen Ausgangsfragen zu einer präzisen Fragestellung, d.h. bei der Arbeit am Material (Quellen, Fachliteratur, Geschichtsbücher) kann die Ausgangsfrage korrigiert und präzisiert werden, und es ergeben sich aus ihr Teilfragen. Das Fragen steht also nicht nur am Beginn einer Unterrichtseinheit. Es begleitet die Arbeit am Thema bis zum Ende, denn oft bleiben dann noch Fragen offen, die auch formuliert werden sollten.

drittens um die Einsicht in die Grenzen unseres Fragens:

- Die Frage kann dem Gegenstand nicht angemessen sein. Wenn die Arbeit weitergehen soll, muß sie verändert werden.
- Die Frage kann nicht beantwortet werden, weil der "Forschungsstand" es noch nicht erlaubt. Prinzipiell besteht hier kein Unterschied zwischen dem Forschungsstand der Wissenschaft und dem z.B. in einem 10. Schuljahr zu erreichenden Kenntnisstand, der durch das Lernalter der Schüler, die gegebene Unterrichtszeit und das verfügbare Informationsmaterial begrenzt ist.
- Die Frage kann nicht beantwortet werden, weil wir an eine Erkenntnisgrenze gelangt sind (siehe oben unter "Bezugsrahmen" das Beispiel aus der Rede des nordrhein-westfälischen Arbeitsministers).

Unterrichtsmethodische Hinweise

Echte (nicht dem Lehrer zuliebe formulierte) Fragen kommen aus einem Interesse. Interesse kann aber auch das Resultat eines Lernprozesses sein, in dem das Fragen geübt wird und in dem die Einsicht in die Bedeutung des Fragens für den Umgang mit der Vergangenheit wächst. Es kommt darauf an, welche Erwartungen Schüler an den Geschichtsunterricht haben.

Von 1972 bis 1977 wurde an der Universität Leeds in England ein Projekt des Schools Council durchgeführt: "History 13-16". Es wurde ein Dreijahreskurs für den Geschichtsunterricht bei 13-16jährigen mit entsprechendem Unterrichtsmaterial ausgearbeitet, der forschendes Lernen und Schüleraktivität fördern sollte. Ungefähr 500 Schüler wurden danach unterrichtet. Für die Auswertung wurde eine Kontrollgruppe von ebenfalls 500 Schülern, die nicht am Experiment beteiligt waren, herangezogen. Dabei wurden die Erwartungen an das Fach Geschichte in beiden Gruppen verglichen. Es zeigten sich signifikante Unterschiede, die sich in zwei Meinungen zusammenfassen lassen:

* *Geschichte ist ein Paukfach (Kontrollgruppe),*
* *Geschichte ist ein Fach, in dem es darum geht zu erklären und Probleme zu lösen (Versuchsgruppe).*

Die Schüler wurden aufgefordert, Mathematik und Geschichte zu vergleichen. Einige Äußerungen aus der

* *Kontrollgruppe:*
"In Geschichte schreibst du nur über Sachen, aber in Mathe mußt du alles selber ausarbeiten."
"Wenn du in Geschichte etwas nicht weißt, gibt es Bücher, in denen du nachschauen kannst, aber in Mathe mußt du das Problem selber lösen."
* *Versuchsgruppe:*
"Aufs Ganze gesehen ist Geschichte schwieriger als Mathe. Du mußt ein Detektiv sein, aber in Mathe hast du Gesetze, und die bleiben immer gleich. Es ist leichter, eine Gleichung zu lösen als herauszubekommen, warum etwas geschah."
"Mathe ist leichter, weil es da ein eindeutiges Richtig oder Falsch gibt. In Geschichte mußt du die richtige Information finden, und du kannst keine perfekte Antwort erhalten."[47]

Ein Schüler, der Geschichte als Paukfach erlebt, erfährt im Grunde wenig von Geschichte. Eine andere Einstellung kann nur entstehen, wenn die Schüler erfahren, daß Geschichte nicht ein Kanon von ewig feststehenden Kenntnissen ist, sondern eine Art des Umgangs mit der Vergangenheit, bei dem wir Antworten auf unsere Fragen suchen. Das können sie in einem mehr lehrerzentrierten Unterricht erfahren wie in einem Unterricht, der ihre Selbständigkeit stärker fördert. In einem Vortrag kann und sollte für Schüler zu erkennen sein, von welcher Fragestellung der Lehrer ausgeht. Einige neuere Schulbüchern beginnen die Kapitel mit einer Fragestellung oder einer Problemdarstellung. Die eigene Fragefähigkeit der Schüler kann bei größeren Vorhaben (z.B. bei Projekten), aber auch bei kleineren Aufgaben (z.b. bei der Arbeit an einer Quelle) geübt werden.

Fragen verweist auf Probleme. Bei der **Problemorientierung des Geschichtsunterrichts** können vier Aspekte unterschieden werden:

- eine Orientierung an inhaltlichen Problemen und ihrer Deutung,
  zum Beispiel: Hat die sozialdemokratische Führung um Friedrich Ebert 1918/19 versagt? oder: Warum ist die Weimarer Republik gescheitert?

- eine Orientierung an methodischen Problemen bei der Beantwortung der Fragen,
  zum Beispiel: Welche Informationen brauchen wir? Wie können wir sie beschaffen? Wie ist diese Quelle zu interpretieren?

- Probleme unserer Gegenwart können Anlaß für Fragen an die Vergangenheit sein,
  zum Beispiel: die Umweltproblematik, der Nord-Süd-Konflikt.

- desgleichen Probleme, die sich den Schülern unmittelbar stellen,
  zum Beispiel: Normenkonflikte zwischen Heranwachsenden und Erwachsenen: sind sie historisch erklärbar? Wie sah das Verhältnis von Jugendlichen und Erwachsenen in der Vergangenheit aus?

Die beiden ersten Aspekte zielen auf den Erwerb empirischer Kompetenz, die beiden letzten verweisen auf Faktoren des Bezugsrahmens. Werden sie Gegenstand des Unterrichts, so können sie reflexives Denken fördern.

Übungsmöglichkeiten:

- Ausgangsfragen formulieren, bei der Weiterarbeit am Thema präzisieren und Teilfragen daraus ableiten (G), diese Fragen können zielen auf
  - den historischen Sachverhalt (G) (Ursachen von Ereignissen und Entwicklungen, das Erleben von Menschen und ihre Lebensbedingungen: Erklären und Verstehen)
  - Möglichkeiten, Antworten auf die inhaltlichen Fragen zu erhalten (Wege der Informationsbeschaffung) (G)
- Vermutungen/Hypothesen formulieren (G)
- nach Unterschieden bei der Darstellung des historischen Sachverhalts und deren Ursachen fragen (Perspektivität)
  - bei den Menschen der Vergangenheit (G)
  - bei Historikern (unterschiedliche Fragestellungen und deren Ursachen, unterschiedliche Beurteilungen und deren vermutliche Gründe)
  - in Schulgeschichtsbüchern
- sich in der Konfrontation mit Perspektiven, die in historischen Darstellungen oder Beurteilungen erkennbar sind, nach der eigenen Sicht fragen
- Unklarheiten und Widersprüche (beim historischen Sachverhalt und bei seiner Darstellung) als Anlaß für die Entwicklung von Fragen nehmen (G)
- offenbleibende Fragen formulieren (G)
- Grenzen des eigenen Fragens benennen

d) **Methodenfindung**

zu entwickelnde Fähigkeit: Über angemessene Methoden entscheiden können.

Didaktische Anmerkungen

Nur in größeren Projekten, wie sie vielleicht im 9./10. Schuljahr oder in der Oberstufe gelegentlich durchgeführt werden können, werden Überlegungen über die Wege zur Beantwortung der eigenen Fragen einen größeren Raum einnehmen. Die Regel wird das auch in der Oberstufe nicht sein. Ziel kann nicht die methodische Kompetenz professioneller Historiker sein. Im Geschichtsunterricht wird es vorrangig darum gehen, eine elementare Einsicht in den Zusammenhang von Fragen, Methoden, vorhandenem Material und Ergebnissen zu fördern.

Unterrichtsmethodische Hinweise

Dieses Ziel dürfte weniger durch ausführliche Erörterungen erreicht werden als durch selbstverständliches, oft nur kurzes Ansprechen dieses Aspektes historischen Arbeitens an geeigneten Stellen. So können die Schüler bei Aufgaben, an denen sie arbeiten, zu fragen lernen, welche Informationen angemessen wären, welche für sie erreichbar sind und wie sie sich diese Informationen erarbeiten können. Oder bei einem Vortrag kann der Lehrer z.B. deutlich machen, wie die Informationen, die er weitergibt, erarbeitet wurden, von ihm selber oder von den Forschern.

Übungsmöglichkeiten:

- nach Quellen als Basis für Informationen fragen (Primärquellen, Sekundärliteratur, Interviews, gegenständliche Überreste) (G)

- unterschiedliche Quellengruppen zu nutzen suchen (z.B. Texte, Bilder, alte Werkzeuge) (G)

- unterschiedliche Methoden der Informationsbeschaffung nutzen (G)

Grundschüler überlegen sich, woher sie außer den Befragungen noch Informationen über die Nachkriegszeit erhalten können: "Alte Fotos ansehen, Bücher lesen, ins Museum gehen, Leute fragen, die das untersucht haben."

- Wege zur Beantwortung der eigenen Fragen suchen und dabei ggf.
  die Fragen verändern (G)

> *Grundschüler möchten etwas über das Leben nach dem Zweiten
> Weltkrieg erfahren. "Wen können wir fragen?" "Unsere Eltern."
> An der Zeitleiste notieren sie ihre Geburtsjahre, die der Eltern, der
> Großeltern. "Meine Oma war 1945 sieben Jahre alt. Die müßte
> doch wissen, wie es damals war." "Was wollen wir die Großeltern
> alles fragen?" Es werden Fragen notiert. "Wie wollen wir uns für
> den Bericht in der Klasse merken, was die Großeltern erzählen?"
> Möglichkeiten werden erörtert: "Einfach alles merken." "Wenn's
> aber zuviel ist?" "Aufschreiben, mit dem Rekorder aufnehmen."
> Bei den ersten Erfahrungen zeigt sich, daß die Tonqualität sehr zu
> wünschen übrig läßt und einige Kinder aus ihren Aufzeichnungen
> selber nicht klug werden. Also muß beides geübt werden: Wie no-
> tiere ich das wichtigste in Stichworten? Wie erreiche ich, daß man
> die Kassettenaufnahme gut versteht?*

> *Schüler eines Leistungskurses in Ostdeutschland wollen den Ver-
> lauf des Aufstands vom 17. Juni 1953 in ihrer Stadt erkunden und
> überlegen, welche Quellen sie heranziehen können (Befragung von
> Zeitzeugen, Bericht in der lokalen Presse, in der Westpresse, loka-
> le Archive, historische Darstellungen des Aufstandes), um dann zu
> entscheiden, welche für ihre Fragestellung wichtig sind und welche
> sie realistischerweise auch nutzen können.*

- Angemessenheit der eigenen Frage an Quellenlage prüfen

> *Können wir unsere Frage bei den vorhandenen Informationsmög-
> lichkeiten vermutlich beantworten?*

- nach der Quellenbasis bei historischen Darstellungen fragen

> *Alltagsgeschichte im Unterricht: Woher wissen wir etwas über den
> Alltag im antiken Griechenland, im Deutschlands der Frühen Neu-
> zeit? (Bildliche Darstellungen, Texte, archäologische Befunde).*

Worauf beruhen Aussagen über die Reallohnentwicklung im späten Mittelalter und in der Frühen Neuzeit, und wie aussagekräftig sind sie?

e) Erarbeitung

zu entwickelnde Fähigkeit:
Informationen erarbeiten können

Didaktische Anmerkungen

Wissenschaftlich formuliert steht hier empirische Sorgfalt im Mittelpunkt. Schüler können und sollen keine Experten in historischen Methoden werden, obwohl das bei großen Unterrichtsprojekten und in speziellen Schülerarbeitsgemeinschaften zuweilen der Fall sein kann, z.B. im Rahmen des Wettbewerbs um den Preis des Bundespräsidenten. Vorrangiges Ziel ist die Einsicht in die Notwendigkeit einer sorgfältigen Begründung von Aussagen über die Vergangenheit aus den Quellen. Diese Einsicht wird sich jedoch nur festigen, wenn Schüler

*   erfahren, daß spontane Vermutungen zwar anregend sein können, einer Überprüfung aber oft nicht standhalten,
*   Schwierigkeiten dieser Überprüfung erleben,
*   unterschiedliche Möglichkeiten, sich Informationen zu erarbeiten, kennenlernen,
*   Befriedigung bei einer erfolgreichen Arbeit erleben.

Drei Aspekte lassen sich bei der Arbeit unterscheiden:

Erstens die Erarbeitung des historischen Stoffes durch Beschreiben (Wie war es?), Erklären (Warum war es so?) und Verstehen (Was können wir über das Erleben der Menschen aussagen?).

94

Zweitens das Üben einfacher Methoden der Informationserarbeitung.

Ziel ist in beiden Fällen die Entwicklung einer elementaren empirischen Kompetenz (Kriterium "methodische Sorgfalt").

Drittens der Versuch, den Zusammenhang von Faktoren des Bezugsrahmens und Aussagen über die Vergangenheit zu erkennen bei Zeitzeugen und bei professionellen Historikern (Beispiele s. oben unter "Bezugsrahmen"). Ziel ist hier die Vorbereitung reflexiven Denkens (Kriterium "Reflexivität").

Zur Vorbereitung reflexiven Denkens gehört auch das - vom Lehrer nicht ständig, aber doch konsequent anzuregende - Bemühen, sich über die Zielsetzungen des erlebten Geschichtsunterrichts klarzuwerden. Dazu bietet hier der Vergleich von Geschichtsbüchern Gelegenheit.

Unterrichtsmethodische Hinweise

Auch hier wäre es unrealistisch, davon auszugehen, daß Geschichtsunterricht nur aus Selbsttätigkeit der Schüler bestehen, forschendes Lernen die einzige Methode sein könne. Jedoch wird das Ziel nicht zu erreichen sein, ohne daß Schüler immer wieder Gelegenheit erhalten, forschend zu lernen und sei es auch nur in einzelnen Phasen von Unterrichtseinheiten. Aber auch wenn Lehrerin oder Lehrer im Frontalunterricht stark führen, kann die empirische Basis der Aussagen deutlich werden. In einem Lehrervortrag kann ich z.b. zumindest andeuten, auf welchen Quellen Aussagen über die Reallohnentwicklung im 14./15. Jahrhundert beruhen und auf die Problematik ihrer Auswertung hinweisen.

Die Erarbeitung des historischen Stoffes steht im allgemeinen im Mittelpunkt der Überlegungen zur Praxis des Geschichtsunterrichts. Ich kann mich deshalb bei den Beispielen noch stärker als bei den anderen Elementen beschränken. **Beispiele für Möglichkeiten der Förderung reflexiven Denkens wurden ausführlich unter b) Bezugsrahmen dargestellt.**

Ein wissenschaftsorientierter Geschichtsunterricht muß aber alle drei in den didaktischen Anmerkungen genannten Aspekte beachten.

Übungsmöglichkeiten:

für die Erarbeitung des historischen Stoffes

- ein Phänomen (ein Ereignis, einen Zustand, einen Prozeß) beschreiben (G)
- Ursachen für ein historisches Phänomen suchen (G) (Multikausalität), und ihre wechselseitige Beeinflussung untersuchen (Interdependenz)
- unterschiedliche politische Positionen beschreiben und Kategorien zu ihrer Analyse erarbeiten wie Rahmenbedingungen, Interessen, Zielvorstellungen und ihre Begründung, taktische Beweggründe,
  zum Beispiel Adenauers Position zur Wiederbewaffnung 1949-1955
- eigene Vermutungen über unterschiedliches Erleben an zeitgenössischen Quellen überprüfen,
  zum Beispiel von Arbeitern, Fabrikanten, Staatsbeamten, "Junkern" in der Frühindustrialisierung
- und nach Ursachen für unerwartete Ergebnisse fragen,
  zum Beispiel naive Übertragung eigener Vorstellungen auf die Vergangenheit (s. oben das Beispiel "Sauberkeit")
- nach Ursachen für unterschiedliches Erleben fragen, diese benennen und vergleichen: Ursachen in den externen Bedingungen (G) und in mentalen Faktoren wie politischen Intentionen, Werten, Normen (s. oben die zwei Großmütter)

einfache Methoden der Informationserarbeitung

- Umgang mit Texten, Bildern, graphischen Darstellungen: Inhalt erschließen, selber Fragen an Texte stellen (G)
- selber Texte und Schaubilder herstellen (G)
- Texte auswerten

Wer hat das wann und zu welchem Zweck geschrieben? Zeitlichen Zusammenhang klären, Begriffe im historischen Zusammenhang erklären

- Befragungen selber planen und durchführen, Ergebnisse ordnen und mündlich oder schriftlich vortragen (G)
- Befragungen von Zeitzeugen kritisch auswerten (Problem der Erinnerung beachten)

für die Anbahnung reflexiven Denkens

- unterschiedliche historische Positionen beschreiben
  - bei Zeitzeugen
    S. oben unter Bezugsrahmen, den ehemaligen Berufsoffizier und die ehemalige BDM-Angehörige (S. 59f.)
  - bei Historikern
    S. ebd. den Vergleich von Golo Mann und Heinrich Jaenecke

- Unterschiede in **ersten fragenden Ansätzen** auf ihre Ursachen hin untersuchen (s. ebd.):
  - unterschiedliche Fragestellungen und deren Prämissen
  - unterschiedliche Beurteilungen und deren vermutliche Gründe
  - Unterschiede in der methodischen Sorgfalt

- Geschichtsbücher vergleichen im Hinblick auf
  - Aufmachung (Textgestaltung, Bilder)
  - ausgewählte Inhalte
  - die den Schülern zugedachte Rolle
  - erkennbare pädagogische Zielsetzung
  - erkennbares Geschichtsverständnis

Und immer dann, wenn es sich von den Schülern her anbietet:
- Ansätze zur Reflexion der eigenen "Vor-Annahmen" und ihrer Ursache aufgreifen

97

f) Ergebnisse

zu entwickelnde Fähigkeiten:

- Arbeitsergebnisse darstellen können
- Arbeitsergebnisse auf die Anfangsfragen und Anfangsvermutungen beziehen können
- das Erkannte beurteilen können

Didaktische Anmerkungen

Beim Ergebnis lassen sich vier Schichten unterscheiden, die bei historischem Lernen von Interesse sind:

- gesicherte Fakten,
- Erklären und Verstehen der erarbeiteten Zusammenhänge,
- Interpretation,
- Beurteilung.

Zusammenfassen, Ordnen und ggf. Darstellung der Ergebnisse machen zunächst den Erkenntnisprozeß noch einmal deutlich. Die Ausgangsfragen können beantwortet werden. (Deshalb sollten sie am Anfang des Unterrichts fixiert werden.) Auch die Einsicht, daß eine Frage - von uns jetzt - nicht beantwortet kann, ist ein Erkenntnisgewinn. Die Vermutungen vom Anfang können überprüft - bestätigt, korrigiert oder widerlegt - werden.

Darüber hinaus bietet sich hier die Gelegenheit, weitergehende Überlegungen anzustellen, die sicher nicht bei jedem Unterrichtsabschnitt angebracht sind. Der generelle Verzicht auf sie würde jedoch einen Verzicht auf wesentliche Aspekte historischen Lernens bedeuten. Gemeint sind:

Erstens Überlegungen zum Grad der Absicherung von Fakten und zur Begründung von Erklärungszusammenhängen. Das sollte nur an einzelnen Beispielen geschehen, nie an allen Fakten und Zusammenhängen einer Unterrichtseinheit! Es kommt nicht darauf an, ob bei diesen Überlegungen wissenschaftliche Standards erreicht werden. Das wird in der Regel nicht der Fall sein. Ziel ist, diese Denkbewegung einzuüben, die Aufmerksamkeit der Schüler noch einmal auf die Notwendigkeit empirischer Absicherung zu lenken und die Einsicht in die Vorläufigkeit wissenschaftlicher Erkenntnis und in Erkenntnisgrenzen anzubahnen. Diese Einsicht kann dem Aufbau fixierter Geschichtsbilder entgegenwirken und die Fähigkeit, über Geschichte auch bei gegensätzlichen Positionen "ins Gespräch zu kommen", fördern.

Zweitens Überlegungen zur Interpretation des Erarbeiteten und zu seiner Beurteilung. Die beiden Begriffe haben im alltäglichen Gebrauch ähnliche Bedeutungsfelder. Ich gehe von einer Definition aus, die zwar Mängel hat, aber eine für den Erfolg historischen Lernens wichtige Unterscheidung deutlich macht:[48]

- Bei Interpretationen bemühen wir uns um Aussagen über den erarbeiteten historischen Zusammenhang nach Maßstäben der damaligen Zeit.

- Bei Beurteilungen gehen wir von unseren heutigen Maßstäben und Wertvorstellungen aus.

Selbstverständlich sind schon die Fragen, die eine Interpretation leiten, von heutigen Erkenntnisinteressen bestimmt, hinter denen unsere Wertvorstellungen stehen. Dennoch können und müssen wir bei der Interpretation die zeitgenössischen Vorstellungen berücksichtigen. So kann z.B. in dem Versagen weiter Kreise des Bürgertums vor den Anforderungen einer Demokratie eine gewichtige Ursache für das Scheitern der Weimarer Republik gesehen werden. Die Beurteilung von einer gegenwärtigen demokratischen Position her ist eindeutig und mit dem Begriff "Versagen" schon ausgesprochen. Eine Interpretation wird aber die damaligen mentalen Traditionen u.ä. berücksichtigen müssen. Noch deutlicher wird diese Forderung bei historisch weiter entfernten Vorgängen wie den Hexenprozessen. Es geht bei der Interpretation darum, Zusammenhänge, Handlungen, Verhalten - **soweit es uns möglich ist** - zu erklären und zu verstehen, aber auch nach Maßstäben der Zeit zu beurteilen. Das heißt, diese Maßstäbe müssen den Schülern bewußt sein.

Auch die eigenen Kriterien beim Beurteilen von heutigen Wertvorstellungen aus müssen bewußt gemacht werden. Im Vergleich der unterschiedlichen Maßstäbe kann Verständnis für die historische Bedingtheit unseres Urteils entstehen, das heißt aber auch: Verständnis für eine historische Begründung und Rechtfertigung z.b. der Menschenrechte. Sie sind ein Ergebnis unserer Geschichte und dürfen nicht der Beliebigkeit anheimgestellt werden - wie gerade die deutsche Geschichte zeigt.

Beides gehört zusammen: Verstehen und Interpretieren ohne Beurteilen kann zu der Vorstellung führen, daß alle Handlungen, Entscheidungen, Werte "gleich-gültig" im Doppelsinn, also beliebig sind. Beurteilen ohne Verstehen und Interpretieren führt zu unhistorischem moralischen Rigorismus und zu Blindheit gegenüber neuen Gefährdungen. Diese Gefahren hat Bodo von Borries beschrieben.[49]

g) Unterrichtsmethodische Hinweise

Ein sicherer Weg, die gerade beschriebenen Ziele beim Umgang mit den Egebnissen gründlich zu verfehlen, wäre, die folgenden Übungsmöglichkeiten in jeder Unterrichtseinheit möglichst alle "durchzuziehen". Besonders wenn es um Interpretation und Beurteilung geht, werden wir als Lehrer nur immer wieder Anreize planen und im Unterricht Impulse geben können, dann aber auf die Schüler achten müssen. Auf ihre Reaktionen und Aktionen werden wir - wie bei den anderen Elementen - aber nur dann eingehen können, wenn wir uns über Übungsmöglichkeiten Gedanken gemacht haben.

Übungsmöglichkeiten

*   Darstellung, besonders Veranschaulichung der Zusammenhänge (G) (Texte, Bilder, graphische Darstellungen herstellen)
*   Überprüfung der Ausgangsvermutungen (G)
*   Überprüfung der eigenen Vorannahmen
*   Überprüfung des eigenen Erkenntnisweges (G)

- beim Erklären Faktoren nach Kategorien ordnen

  langfristiger und kurzfristiger wirkende Faktoren, wirtschaftliche, soziale, politische, mentale Faktoren
- beim Verstehen die Wechselwirkung von "Einfühlen" und historischen Informationen (Erklären) sich noch einmal vergegenwärtigen
- überlegen, wie gut belegt die Aussagen über Fakten sind

  Wo sind wir noch unsicher?
- überlegen, wie gut begründet die erarbeiteten Zusammenhänge sind
- offene Fragen formulieren
- Grenzen der eigenen Erkenntnis benennen.
  - Wo sind die Erklärungen offensichtlich noch unzureichend?
  - Wo sind wir an Grenzen des Verstehens gekommen?
- Faktoren eines Erklärungszusammenhanges zu gewichten versuchen.

  Welche Ursachen waren meiner Meinung nach besonders gravierend für den Untergang der Weimarer Republik?
- die in einer anderen Zeit möglichen Maßstäbe für die Beurteilung von Handlungen und Entwicklungen zu erkennen und von ihnen aus diese zu beurteilen suchen
- diese Handlungen und Entwicklungen von eigenen Wertungen her beurteilen
- historische Bedingungen und historische Rechtfertigung unserer heutigen Maßstäbe reflektieren

  zum Beispiel über die Entstehung des Rechtes auf Pressefreiheit und seine Bedeutung für die heutige Gesellschaft und den modernen Staat nachdenken
- unterschiedliche Beurteilungen in der Lerngruppe und deren Maßstäbe diskutieren

Anmerkungen

1   Ernst Weymar: Dimensionen der Geschichtswissenschaft, in: Geschichte in Wissenschaft und Unterricht 33 (1982), S. 1-11, 65-78, 129-153; Jochen Huhn: Arbeitsbereiche der Geschichtsdidaktik, in: Hans-Georg Kirchhoff (Hrsg.), Neue Beiträge zur Geschichtsdidaktik, Bochum 1986 (Dortmunder Arbeiten zur Schulgeschichte und zur historischen Didaktik Bd. 11), S. 19-32.

2   Da ich mich bei der Formulierung dieser Überschrift an Friedrich Nietzsche angelehnt habe, möchte ich auch auf seine immer wieder anregende "unzeitgemäße Betrachtung" hinweisen: "Vom Nutzen und Nachteil der Historie für das Leben."

3   Marc Bloch: Apologie der Geschichte oder Der Beruf des Historikers, 3. Aufl. Stuttgart 1992, S. 23.

4   Ich spreche von "erinnern" statt von "sich erinnern", um den Aspekt des Erarbeitens mit einzubeziehen, den m.E. "sich erinnern" nicht enthält. Vgl. dazu Johann Gustav Droysen: Historik, historisch-kritische Ausgabe, hrsg. von Peter Leyh, Bd. 1, Stuttgart 1977, S. 69; Maurice Halbwachs: Das Gedächtnis und seine sozialen Bedingungen, Berlin 1966; Paul Connerton: How societies remember, Cambridge 1991; Dietrich Harth (Hrsg.): Die Erfindung des Gedächtnisses. Texte, Frankfurt a.M. 1991.

5   Gabrielle Spiegel: Political utility in medival historiography: A sketch, in: History and Theory 14 (1975), S. 314-325; Hammerstein, Jus und Historie (s. Anmerkung 3) schildert den Übergang von einer Begründung durch Autoritäten zur Begründung durch empirische Beweise bei Thomasius (1655-1728), S. 51ff.

6   Deutsche Dichtung des Mittelalters, hrsg. v. M. Curschmann und I. Glier, Bd. 1 Von den Anfängen bis zum hohen Mittelalter, München/Wien 1980, S. 11-13.

7   Genesis 3.

8   Deuteronomium Kap. 6 V 4-9, 12-14, 20-25.

9   Genesis Kap. 12 V 1-4.

10   Jesaja Kap. 42 V 1, 6, 7, Kap. 49 V 8b und 9, Kap. II V 6, 8 und 9a.

11   Offenbarung des Johannes Kap. 21 V 1, 3 und 4.

12   Leopold von Ranke: SW 33/34, S. VII, zit. n.: George St. Iggers, Deutsche Geschichtswissenschaft. Eine Kritik der traditionellen Geschichtsauffassung von Herder bis zur Gegenwart, München 1971, S. 92.

13   Zit. n. Notker Hammerstein: Jus und Historie. Ein Beitrag zur Geschichte des historischen Denkens an deutschen Universitäten im späten 17. und 18. Jahrhundert, Göttingen 1972, S. 354.

[14] Friedrich Schiller: Was heißt und zu welchem Ende studiert man Universalgeschichte?, Werke in drei Bänden, Bd. 2, Carl Hanser Verlag München 1966, S. 13.

[15] Ebd., S. 19 u. 21.

[16] Ebd., S. 21f., Schiller meint hier wahrscheinlich Papst Gregor VII.

[17] Reinhart Koselleck: Historia Magistra Vitae. Über die Auflösung des Topos im Horizont neuzeitlich bewegter Geschichte, in: Natur und Geschichte, Karl Löwith zum 70. Geburtstag, Stuttgart/Berlin/Köln/Mainz 1967, S. 196-219.

[18] Wie Anm. 14, S. 20f.

[19] Die Anregung, dieses Beispiel zu wählen, habe ich durch den Praktikumsbericht von Frau Gudrun Wackerbarth erhalten, die im Frühjahr 1993 als Magisterstudentin ein Praktikum im Weser Renaissance Museum Schloß Brake absolvierte und das Waschhaus zum Anlaß nahm, museumspädagogische Überlegungen anzustellen. Sie hat auch die Informationen über Waschmittel und den Waschvorgang zusammengetragen. S. dazu Karin Hausen: Große Wäsche. Technischer Fortschritt und sozialer Wandel in Deutschland vom 18. bis ins 20. Jahrhundert, in: Geschichte und Gesellschaft 13 (1987), S. 273-303, und Barbara Orland: Wäsche waschen. Technik- und Sozialgeschichte der häuslichen Wäschepflege, Reinbek b. Hamburg 1991.

[20] Zum Begriff "Lebenswelt"s. Alfred Schütz/Thomas Luckmann, Strukturen der Lebenswelt, Neuwied/Darmstadt 1975.

[21] Vgl. dazu Valentine Rothe: Werteerziehung und Geschichtsdidaktik. Ein Beitrag zu einer kritischen Werteerziehung im Geschichtsunterricht, Düsseldorf 1987; Hans-Jürgen Pandel: Vorüberlegungen zu einer geschichtsdidaktischen Theorie der Interpretation, in: Klaus Bergmann/Jörn Rüsen (Hrsg.): Geschichtsdidaktik: Theorie für die Praxis, Düsseldorf 1978, S. 85-113; Winfried Gosmann: Überlegungen zum Problem der Urteilsbildung im Geschichtsunterricht, in: ebd., S. 67-85. Jeismann unterscheidet neben der historischen Analyse hier Sachurteil und Wertung. Günter C. Behrmann/Karl-Ernst Jeismann/Hans Süssmuth: Geschichte und Politik. Didaktische Grundlegung eines kooperativen Unterrichts, Paderborn 1978, S. 58-65 und S. 81-84.

[22] Vgl. Martin Heidegger: Der Zeitbegriff in der Geschichtswissenschaft, in: Zeitschrift für Philosophie, 1916, S. 173-188.

[23] Vgl. dazu Thomas Haussmann: Erklären und Verstehen. Zur Theorie und Pragmatik der Geschichtswissenschaft. Mit einer Fallstudie zum Deutschen Kaiserreich von 1871-1918, Frankfurt/M. 1991 (Suhrkamp-Taschenbuch-Wissenschaft 918).

[24] Auch diese sind zumindest nicht unabhängig von äußeren Einflüssen entstanden.

[25] Bodo von Borries: Kindlich-Jugendliche Geschichtsverarbeitung in West- und Ostdeutschland, 1990. Ein empirischer Vergleich, Pfaffenweiler 1992, S. 58-63 u. 200f.

[26] Ebd., S. 60.

[27] Ebd., S. 61f.

[28] Ebd., S. 63.

[29] Um Mißverständnissen vorzubeugen: Es geht hier um den Geltungsanspruch, der mit den Menschenrechten verbunden ist. Damit ist nicht gesagt, daß sie in Europa und Nordamerika immer beachtet werden. Sie sind eine Aufgabe und werden es wohl immer bleiben.

[30] An anderer Stelle berichtet von Borries von Interviews, aus denen er den Eindruck gewonnen hat, daß der Unterschied von "erwachsenem" und "kindlich-jugendlichem" Geschichtsbewußtsein geringer ist als man annehmen sollte. Bodo von Borries, Geschichtsbewußtsein, Lebenslauf und Charakterstruktur - Auswertung von Intensivinterviews, in: Geschichtsbewußtsein und Historisch-Politisches Lernen, hrsg. v. Gerhard Schneider, Pfaffenweiler 1988, S. 163-181, hier: S. 180.

[31] Sie stammen aus dem Unterricht von Frau Jasmina Schrader und Herrn Dieter Schödel. Diese Unterrichtsversuche wurden im Rahmen eines Projekts "Perspektivität im Prozeß historischen Lernens" durchgeführt, an dem Kolleginnen und Kollegen aus brandenburgischen, sächsischen, thüringischen und hessischen Schulen sowie aus den Universitäten Leipzig, Jena und Kassel beteiligt waren. Die Ergebnisse dieses Projekts werden voraussichtlich Anfang 1995 in der Schriftenreihe der Bundeszentrale für politische Bildung erscheinen.

[32] Aus: Hauptsache Frieden - Kriegsende, Befreiung, Neubeginn 1945-49, hrsg. v. Peter Altmann, Frankfurt/M. 1985, S. 31-32. Der Text wurde im Rahmen des genannten Projekts in der Klasse von Frau Heike Lühmann eingesetzt.

[33] Dazu hat besonders die Rezeption der humanistischen Psychologie, z.B. der Arbeiten von Carl Rogers und Ruth Cohn, beigetragen.

[34] S. dazu den Band der Braunschweiger Tagung der Konferenz für Geschichtsdidaktik im Jahre 1991: Emotionen und historisches Lernen. Forschung - Vermittlung - Rezeption, hrsg. v. Bernd Mütter und Uwe Uffelmann, Frankfurt/M. 1992.

[35] Wolf Schmidt, Ausländische Arbeiter im Nationalsozialismus und in der Bundesrepublik. Emphatie in Beiträgen zum Schülerwettbewerb des Bundespräsidenten, ebd., S. 325-336, bes. S. 330, und meine Auswertung der Arbeit in der Sektion III/3, ebd., S. 353-363, bes. S. 358f.

[36] Jochen Huhn: Politische Geschichtsdidaktik. Untersuchungen über politische Implikationen der Geschichtsdidaktik in der Weimarer Republik und in der Bundesrepublik, Kronberg 1975, S. 381f.

[37] S. Literaturverzeichnis.

38   S. Literaturverzeichnis, bes. die Arbeiten von Aebli, Kohlberg, Selman.
39   S. unten, S. 76.
40   Der Ausdruck "Lernalter" soll darauf verweisen, daß Interessen und
      Leistungsfähigkeit von Schülern nicht nur vom Lebensalter abhängen, sondern
      auch von der vorangegangenen Förderung. S. Anm. 38.
41   Geschichtsbuch 4. Die Menschen und ihre Geschichte in Darstellungen und
      Dokumenten. Allgemeine Ausgabe: von 1917 bis heute, hrsg. von Prof. Dr.
      Peter Hüttenberger und Prof. Dr. Bernd Mütter unter Mitarbeit von Norbert
      Zwölfer, Cornelsen/Hirschgraben, 1988, S. 246f.
42   S. oben unter B 3 c) Perspektivität.
43   Das Beispiel stammt aus dem Unterricht von Frau Heike Lühmann im Rahmen
      des in Anmerkung 31 erwähnten Projekts.
44   S. die vorangehende Anmerkung.
45   Aus dem Unterricht von Dr. Peter Adamski im Zusammenhang desselben
      Projekts.
46   S. These 7 auf S. 27.
47   Denis Shemilt: History 13-16. Evaluation Study. Schools Council History 13-
      16 Project, Edinburgh 1980, S. 19f. und 25, Übersetzung J.H.
48   Von der spezifischen Bedeutung der Interpretation in der Geschichtswissen-
      schaft als Quelleninterpretation sehe ich hier ab.
49   S. Seite 54.

Literatur

Für ausführlicheres Bibliographieren verweise ich auf die unten aufgeführten Bibliographien und Handbücher sowie auf das Literaturverzeichnis in J. Rohlfes, Geschichte und ihre Didaktik. Hier habe ich mich auf Publikationen beschränkt, die mir für die von dieser Einführung ausgehende Weiterarbeit wichtig erscheinen. Zeitschriftenartikel wurden nur in Ausnahmefällen, die in den Anmerkungen zitierten Publikationen in der Regel nicht mehr aufgenommen.

Bibliographien

Berding, Helmut: Bibliographie zur Geschichtstheorie, Göttingen 1977

Geschichtskultur - Geschichtsdidaktik. Internationale Bibliographie, hrsg. von Karl Pellens/Siegfried Quandt/Hans Süssmuth, Paderborn 1984

Gies, Horst/Spanik, Stefan: Bibliographie zur Didaktik des Geschichtsunterrichts, Weinheim/Basel 1983

Kröll, Ullrich: Bibliographie zur neueren Geschichtsdidaktik, Münster 1983

Handbücher

Geschichte im Fernsehen. Ein Handbuch, hrsg. von Guido Knopp/Siegfried Quandt, Darmstadt 1988

Handbuch der Geschichtsdidaktik, hrsg. von Klaus Bergmann/Annette Kuhn/Jörn Rüsen/Gerhard Schneider, 4. Aufl., Seelze-Velbert, 1992

Lexikon für den Geschichtsunterricht, hrsg. von Gerold Niemetz, Freiburg/Würzburg 1984

Medien im Geschichtsunterricht, hrsg. von Hans-Jürgen Pandel/Gerhard Schneider, Düsseldorf 1985

Weschenfelder, Klaus/Wolfgang Zacharias: Handbuch der Museumspädagogik, Düsseldorf 1981

Zeitschriften

Damals. Das aktuelle Geschichtsmagazin, 1. Jg. ff., 1969 ff.

Geschichte in Wissenschaft und Unterricht. Zeitschrift des Verbandes der Geschichtslehrer Deutschlands, hrsg. von Hartmut Boockmann, Joachim Rohlfes/Winfried Schulze, Jg. 1 ff., Stuttgart 1950 ff.

Geschichte lernen. Geschichtsunterricht heute, Jg. 1 ff. Seelze-Velbert 1988 ff.

Geschichte, Politik und ihre Didaktik, Hrsg.: Geschichtslehrerverband NRW, Jg. 1 ff. Paderborn 1973 ff.

Geschichtsdidaktik. Probleme, Projekte, Perspektiven, hrsg. von Klaus Bergmann u.a. Jg. 1-12 Düsseldorf 1976-1987

Internationale Schulbuchforschung. Zeitschrift des Georg-Eckert-Instituts. Jg. 1 ff. Braunschweig 1977 ff.

Praxis Geschichte. 1. Jg. ff, 1988 ff.

The Public Historian. The Journal of Public History, hrsg. von G. Wesley Johnson, Jr., Jg. 1 ff. Santa Barbara, Ca. 1979 ff.

Systematische Darstellungen zur Geschichtsdidaktik

Behrmann, Günter C./Karl-Ernst Jeismann/Hans Süssmuth: Geschichte und Politik. Didaktische Grundlegung eines kooperativen Unterrichts, Paderborn 1978

Döhn, Hans: Der Geschichtsunterricht in Volks- und Realschulen, 2. Aufl. Hannover 1975

Ebeling, Hans: Didaktik und Methodik des Geschichtsunterrichts, 5. Aufl. Hannover 1973

Gies, Horst: Repetitorium Fachdidaktik Geschichte, Heilbrunn 1981

Glöckel, Hans: Geschichtsunterricht, 2. Aufl. Heilbrunn 1979

Historisches Lernen in der Grundschule, hrsg. von Irmgard Hantsche/Hans-Dieter Schmid, Stuttgart 1981

Huhn, Jochen: Arbeitsbereiche der Geschichtsdidaktik, in: Hans Georg Kirchhoff (Hrsg.): Neue Beiträge zur Geschichtsdidaktik, Bochum 1986, S. 19-32

ders.: Elementare Formen historischen Lernens, in: Geschichtsdidaktik 2 (1977), S. 149-165

Jung, Horst W.: Studienbuch Geschichtsdidaktik, Stuttgart 1978

Kuhn, Annette: Einführung in die Didaktik der Geschichte, 3. Aufl. München 1980

dies./Valentine Rothe: Geschichtsdidaktisches Grundwissen. Ein Arbeits- und Studienbuch, München 1980

Lampe, Klaus: Geschichte in der Grundschule, Kronberg 1976

Marienfeld, Wolfgang/Wilfried Osterwald: Die Geschichte im Unterricht, Düsseldorf 1966

Mayer, Ullrich/Hans-Jürgen Pandel: Kategorien der Geschichtsdidaktik und Praxis der Unterrichtsanalyse, Stuttgart 1976

Rohlfes, Joachim: Geschichte und ihre Didaktik, Göttingen 1986

Soziale Studien in der Grundschule, hrsg. von Hans Süssmuth, Düsseldorf 1980

Geschichtsunterricht in der Grundschule, hrsg. von Hartmut Voit, Heilbrunn 1980

Weniger, Erich: Die Grundlagen des Geschichtsunterrichts, Leipzig/Berlin 1926

Außerschulische Geschichtsvermittlung

Übergreifend:

Geschichte - Nutzen oder Nachteil für das Leben? Sammelband zum 10jährigen Bestehen der Zeitschrift "Geschichtsdidaktik", hrsg. von Ursula A.J. Becher/Klaus Bergmann, Düsseldorf 1986

Geschichte in der Öffentlichkeit, hrsg. von Wilhelm van Kampen/Hans Georg Kirchhoff, Stuttgart 1979

Lebenserfahrung und kollektives Gedächtnis. Die Praxis der "Oral History", hrsg. von Lutz Niethammer unter Mitarbeit von Werner Trapp, Frankfurt a.M. 1980

Museum:

Charriere, Michel: Symposium on: Museums and the European heritage: treasures or tools? Salzburg 1990

Geschichte lernen im Museum, hrsg. von Annette Kuhn/Gerhard Schneider, Düsseldorf 1978

Herbst, W./K.G. Levykin: Museologie. Theoretische Grundlagen und Methodik der Arbeit in Geschichtsmuseen, Berlin-Ost 1988

Das historische Museum. Labor, Schaubühne, Identitätsfabrik, hrsg. von Gottfried Korff/Martin Roth, Frankfurt a.M. 1990

Hudson, K.: Museum for the 1980s. A Survey of World Trends, London 1977

Das Museum: Lernort kontra Musentempel, hrsg. von Ellen Spickernagel/Brigitte Walbe, Gießen 1976

Riesenberger, Dieter/Max Tauch: Geschichtsmuseum und Geschichtsunterricht. Ein Vergleich zwischen der Bundesrepublik Deutschland und der DDR, Düsseldorf 1979

Touristik:

Alderson, W.T./S.P. Low: Interpretation of Historic Sites, Nashville 1976

Christmann, Helmut: Geschichte und historische Landeskunde als Gegenstände von Studienreisen, in: Wolfgang Günter (Hrsg.): Handbuch für Studienreiseleiter, Starnberg 1982, S. 257-278

François, P.: Itinéraires industriels, Le Creusot 1982

George, J.C.: The American Walk Book, New York 1978

Hey, Bernd: Das Fach Geschichte in der Ausbildung von Freizeit- und Touristikfachleuten. Überlegungen aus der Sicht des Historikers, in: Tourismus als Berufsfeld, Handlungskompetenzen für Freizeitberufe im touristischen Bereich, Hrsg.: Projektgruppe "Touristiker" an der Universität Bielefeld, Frankfurt 1982, S. 130-160

ders.: Geschichte in der Freizeit - Vorüberlegungen zu einer Freizeitdidaktik der Geschichte, in: Wolfgang Nahrstedt/Bernd Hey/Hans-Christian Florek (Hrsg.): Freizeitdidaktik. Vom lehrerzentrierten Unterricht zum selbstorganisierten Lern-Environment, Bielefeld 1984

110

ders.: Die historische Exkursion. Zur Didaktik und Methodik des Besuchs historischer Stätten, Museen und Archive, Stuttgart 1978

Sharp, D.W.: Interpreting the Environment, 2. Aufl. New York 1982

Massenmedien:

Der Erste Weltkrieg als Kommunikationsereignis, hrsg. von Siegfried Quandt u. Horst Schichtel, Gießen 1993

Fachjournalismus im Gespräch. Texte des Studienschwerpunktes Fachjournalismus/Geschichte an der Justus-Liebig-Universität Gießen, hrsg. von Siegfried Quandt (Die Hefte der Reihe sind über Prof. Dr. Siegfried Quandt zu beziehen.)

Neubauer, Franz: Geschichte im Dokumentarspiel, Paderborn 1984

Gesellschaft und Geschichte I. Geschichte in Presse, Funk und Fernsehen, hrsg. von Peter Borowsky/Barbara Vogel/Heide Wunder, Opladen 1976 (Studienbücher Moderne Geschichte 3)

Schörken, Rolf: Geschichte in der Alltagswelt. Wie uns Geschichte begegnet und was wir mit ihr machen, Stuttgart 1981

Erwachsenenbildung:

Historisches Lernen in der Erwachsenenbildung, hrsg. von Ullrich Kröll, Münster 1984

Historische Beratung:

Bach, Wolfgang: Geschichte als politisches Argument. Eine Untersuchung an ausgewählten Debatten des Deutschen Bundestages, Stuttgart 1977

Demandt, Alexander: Geschichte als Argument. Drei Formen politischen Zukunftsdenkens im Altertum, Konstanz 1972

Faber, Karl Georg: Zum Einsatz historischer Aussagen als politisches Argument, in: Historische Zeitschrift 211 (1975), S. 65-303

ders.: Zur Instrumentalisierung historischen Wissens in der politischen Diskussion, in: Reinhart Koselleck/Wolfgang Mommsen/Jörn Rüsen (Hrsg.), Objektivität und Parteilichkeit, München 1977, S. 270-316 (Theorie der Geschichte, Beiträge zur Historik, Bd. 1)

Huhn, Jochen: Lernen aus der Geschichte? Historische Argumente in der westdeutschen Föderalismusdiskussion 1945-1949, Melsungen 1990

May, Ernest R.: "Lessons" of the Past. The Use and Misuse of History in American Foreign Policy, London/Oxford/New York 1973

Neustadt, Richard E./Ernest R. May: Thinking in Time. The Uses of History for Decision-makers, New York/London 1986

Oehler, Katherina: Geschichte in der politischen Rhetorik. Historische Argumentationsmuster im Parlament der Bundesrepublik Deutschland, Hagen 1989

Geschichtstheorie

Bloch, Marc: Apologie der Geschichte, Stuttgart 1974

Carl, Edward: Was ist Geschichte? 6. Aufl., Stuttgart 1981

Danto, Arthur C.: Analytische Philosophie der Geschichte, Frankfurt a.M. 1974

Droysen, Johann Gustav: Historik, 8. Aufl., Darmstadt 1977

Faber, Karl Georg: Theorie der Geschichtswissenschaft, 4. Aufl., München 1978

Iggers, Georg G.: Deutsche Geschichtswissenschaft. Eine Kritik der traditionellen Geschichtsauffassung von Herder bis zur Gegenwart, München 1971

ders.: Neue Geschichtswissenschaft. Vom Historismus zur Historischen Sozialwissenschaft, München 1978

Rüsen, Jörn: Für eine erneuerte Historik, Stuttgart 1976

ders.: Historische Objektivität, Göttingen 1975

ders.: Historische Vernunft, Göttingen 1983

ders.: Rekonstruktion der Vergangenheit, Göttingen 1986

Personale Aspekte historischen Lernens (Identität, Emotionen)

Becher, Ursula A.J.: Personale und historische Identität, in: Geschichtsdidaktik: Theorie für die Praxis, hrsg. von Klaus Bergmann/Jörn Rüsen, S. 57-67

Bergmann, Klaus: Geschichtsunterricht und Identität, in: Aus Politik und Zeitgeschichte, B 39/75, S. 19-25

Emotionen und historisches Lernen. Forschung - Vermittlung - Rezeption, hrsg. von Bernd Mütter/Uwe Uffelmann, Frankfurt a.M. 1992

Geschichtsbewußtsein und historisch-politisches Lernen, hrsg. von Gerhard Schneider, Pfaffenweiler 1988 (Jahrbuch für Geschichtsdidaktik, Bd. 1)

Identitätsbildung und Geschichtsbewußtsein nach der Vereinigung Deutschlands, hrsg. von Uwe Uffelmann, Weinheim 1993

Jeismann, Karl-Ernst: "Identität" statt "Emanzipation"? Zum Geschichtsbewußtsein in der Bundesrepublik, in: Aus Politik und Zeitgeschichte, B 20-21/86, S. 3-16

Knigge, Volkhard: "Triviales" Geschichtsbewußtsein und verstehender Geschichtsunterricht, Pfaffenweiler 1988

Kriegsalltag. Die Rekonstruktion des Kriegsalltags als Aufgabe der historischen Forschung und Friedenserziehung, hrsg. von Peter Knoch, Stuttgart 1989

Lernfeld Geschichte. Materialien zum Zusammenhang von Identität und Geschichte, hrsg. von Peter Knoch/Hans H. Pöschko, Weinheim und Basel 1983

Schulz-Hageleit, Peter: Geschichte: erleben - lernen - verstehen. Ein Lese-, Bilder- und Arbeitsbuch, nicht nur für die Schule, Düsseldorf 1987

Unterrichtsmethoden und Unterrichtsmedien

Hier sei noch einmal besonders auf die ausführliche Zusammenstellung in dem Buch von Joachim Rohlfes verwiesen sowie auf die Zeitschriften Geschichte in Wissenschaft und Unterricht, Geschichte lernen und Praxis Geschichte.

Empirische Forschungen zu Lernen und Geschichtsbewußtsein

Aebli, Hans: Über die geistige Entwicklung des Kindes, Stuttgart 1963

Borries, Bodo von: Geschichtsbewußtsein als Identitätsgewinn? Fachdidaktische Programmatik und Tatsachenforschung, Hagen 1990

ders.: Geschichtslernen und Geschichtsbewußtsein. Empirische Erkundungen zu Erwerb und Gebrauch von Historie, Stuttgart 1988

ders. unter Mitarbeit von Susanne Dähn, Andreas Körber u. Rainer Lehmann: Kindlich-jugendliche Geschichtsverarbeitung in West- und Ostdeutschland 1990. Ein empirischer Vergleich, Pfaffenweiler 1992

Friedeburg, Ludwig von/Peter Hübner: Das Geschichtsbild der Jugend, 2. erg. Aufl. München 1970

Kohlberg, Lawrence: Zur kognitiven Entwicklung des Kindes, 3. Aufl. Frankfurt a.M. 1975

Küppers, Waltraud: Zur Psychologie des Geschichtsunterrichts, 2. Aufl. Stuttgart 1966

Perspektivität und Interpretation. Beiträge zur Entwicklung des sozialen Verstehens, hrsg. von Wolfgang Edelstein/Monika Keller, Frankfurt a.M. 1982

Piaget, Jean: Das moralische Urteil beim Kinde, Frankfurt 1973

ders.: Die Bildung des Zeitbegriffs beim Kinde, Frankfurt 1974

Roth, Heinrich: Kind und Geschichte, 5. Aufl. München 1968

Schorch, Günther: Kind und Zeit. Entwicklung und schulische Förderung des Zeitbewußtseins, Bad Heilbrunn 1982

Selman, Robert L.: Sozial-kognitives Verständnis. Ein Weg zu pädagogischer und klinischer Praxis, in: Perspektivenübernahme und soziales Handeln. Texte zur sozial-kognitiven Entwicklung, hrsg. von Dieter Geulen, Frankfurt a.M. 1982, S. 223-256

Sonntag, Kurt: Das geschichtliche Bewußtsein des Schülers, Erfurt 1932

Geschichte der Geschichtsdidaktik und des Geschichtsunterrichts

Deutsche Geschichtsdidaktiker des 19. und 20. Jahrhunderts. Wege, Konzeptionen, Wirkungen, hrsg. von Siegfried Quandt, Paderborn 1978

Geschichtsunterricht und Geschichtsdidaktik. Vom Kaiserreich bis zur Gegenwart. Festschrift des Verbandes der Geschichtslehrer Deutschlands zum 75jährigen Bestehen, hrsg. von Paul Leidinger, Stuttgart 1988

Gesellschaft, Staat, Geschichtsunterricht. Beiträge zu einer Geschichte der Geschichtsdidaktik und des Geschichtsunterrichts von 1500 bis 1980, hrsg. von Klaus Bergmann/Gerhard Schneider, Düsseldorf 1982

Gies, Horst: Geschichtsunterricht unter der Diktatur Hitlers, Köln 1992

Günther-Arndt, Hilke: Geschichtsunterricht in Oldenburg 1900 bis 1930, Oldenburg 1980

Herbst, Karin: Didaktik des Geschichtsunterrichts zwischen Traditionalismus und Reformismus, Hannover 1977

Huhn, Jochen: Politische Geschichtsdidaktik. Untersuchungen über politische Implikationen der Geschichtsdidaktik in der Weimarer Republik und in der Bundesrepublik, Kronberg 1975

Kawerau, Siegfried: Denkschrift über die deutschen Geschichts- und Lesebücher vor allem seit 1923, Berlin 1927

Riekenberg, Michael: Die Zeitschrift "Vergangenheit und Gegenwart" (1911-1944). Konservative Geschichtsdidaktik zwischen liberaler Reform und völkischem Aufbruch, Hannover 1986

Schallenberger, Horst: Untersuchungen zum Geschichtsbild der Wilhelminischen Ära und der Weimarer Zeit, Ratingen 1964

Jörn Rüsen

HISTORISCHE ORIENTIERUNG

Über die Arbeit des Geschichtsbewußtseins, sich in der Zeit zurechtzufinden

X, 264 S. Br. ISBN 3-412-09492-7

Das Buch handelt von historischem Denken, Geschichtswissenschaft, Geschichtsschreibung und historischem Lernen. Es fragt nach Eigenart, Ausprägung und Entwicklung von Geschichtsbewußtsein, nach den theoretischen und methodischen Prinzipien der historischen Erkenntnis, nach der rhetorischen Form, der kulturellen Bedeutung und öffentlichen Wirkung von Geschichte und nach ihren Vernunftpotentialen und Lernchancen. Neben übergreifenden und grundlegenden Aspekten werden exemplarisch einzelne historische Schlüsselthemen wie das Fortschrittsproblem und die Menschen- und Bürgerrechte erörtert. Im Zusammenhang von theoretischer Grundlagenreflexion und historischer Fallstudie wird das weite und verzweigte Feld der Geschichtskultur in seinen wichtigsten Dimensionen und Faktoren erschlossen und damit eine neue Art des Fragens nach Geschichte und des Nachdenkens über diese vorgestellt.

Jörn Rüsen

HISTORISCHES LERNEN

Grundlagen und Paradigmen

VIII, 273 S. Br. ISBN 3-412-13393-0

Das Buch enthält in seinem ersten Teil Überlegungen zur Grundlegung einer Theorie des historischen Lernens, zur historischen und systematischen Fundierung der Geschichtsdidaktik als Wissenschaftsdisziplin und zum gegenwärtigen Stand ihrer Diskussion. Im Zentrum steht dabei ein umfassend angelegter Versuch, historisches Lernen als Entwicklung von Geschichtsbewußtsein zu beschreiben.
Der zweite Teil legt an zentralen Medien und Themen des historischen Lernens dar, wie diese Ansätze konkretisiert und verwirklicht werden können.der Verfasser plädiert energisch gegen das Erlahmen geschichtsdidaktischer Ansprüche in der historischen Erinnerungsarbeit und legt verpflichtende Maßstäbe für ein anspruchsvolles Denken und Tun in der Geschichtskultur dar.

BÖHLAU VERLAG KÖLN WEIMAR WIEN

Theodor-Heuss-Str. 76, D - 51149 Köln

BÖHLAU

Egon Boshof / Kurt Düwell / Hans Kloft

GRUNDLAGEN DES STUDIUMS DER GESCHICHTE

Eine Einführung

4., überarbeitete Auflage 1994. X, 337 S. Br. DM 32,-
ISBN 3-412-10593-7

Die „Grundlagen des Studiums der Geschichte" aus dem Böhlau Verlag haben sich in einem Zeitraum von zwanzig Jahren einen festen Platz im akademischen Unterricht der deutschen Universitäten gesichert. Bewährt hat sich die Zusammenfassung der drei großen Bereiche Altertum, Mittelalter und Neuzeit. Darüber hinaus geben die eindringliche Behandlung der Quellen und ihre Erschließung durch die jeweiligen Grundwissenschaften, die Auswahl von wichtigen Problemen und Forschungstendenzen dieser Einführung zusammen mit den einschlägigen Literaturhinweisen ihr unverwechselbares Gesicht.

Für die Neuauflage des Studienbuchs haben die Verfasser die Quellenkunde sorgfältig überarbeitet und die Literatur auf den neusten Stand gebracht. Die Problemkreise und Teildisziplinen sind unter Berücksichtigung der neueren Tendenzen in der Geschichtswissenschaft zum großen Teil neu gefaßt worden.
Die bewährte Einführung in das Geschichtsstudium, die in gelungener Weise Theorie und Praxis miteinander verbindet, liegt damit in einer aktuellen Ausgabe vor.

BÖHLAU VERLAG KÖLN WEIMAR WIEN

Theodor-Heuss-Str. 76, 51149 Köln

BÖHLAU